情報の形而上学

新たな存在の階層の発見

河村次郎 著

Metaphysics of Information

JIRO KAWAMURA

萌書房

情報の形而上学——新たな存在の階層の発見——＊目次

情報の形而上学

——新たな存在の階層の発見——

序

現代社会は高度に情報化されており、情報の伝達の速度と精密さは類を見ない進展の相を呈している。そして、そうした情報網の中に生きる人間の認知活動もますますあわただしいものとなってきている。手書きの手紙は廃れ、パソコンや携帯電話による電子メールが主流となり、新聞の購読をやめてインターネットで毎日のニュースを見る人々が増えている。またインターネットの高度ブロードバンド化も普及してきている。こうして、メッセージの伝達に要する時間は大幅に短縮され、情報の複製と保存の手段は精度と利便性を増した。

このような社会の高度情報化の趨勢が個人の意識に影響を及ぼさないわけがない。まず、情報の意味内容を「理解」するとはどのようなことか、に関する各人の意識が変容しているはずである。情報伝達の速度と精度が急速に向上すると、「意味」の理解に傾注する時間が削減される傾向が現れ、かつては疑いをもっていたニュースやメッセージも疑念を素通りして各人の意識に受容されるような事態が発生してくる。もちろん伝達速度の向上は「修正」をも容易《たやす》くしたが、情報の意味内容の理解の姿勢の軽佻化は否めないように思われる。

最近の大学生は本を読まなくなった、とよく言われる。筆者が大学生だった一九八〇年代は、インターネットも携帯電話もなかったので、本や新聞を読まざるをえなかったが、テレビの普及は既に本離れを助長していた。しかし、筆者はよく本を読んだ。一年に二〇〇から三〇〇冊ぐらい読んだと記憶している。その頃読んだ本は、今も本棚に残っている。もちろん筆者の脳の記憶システムの中にも。

「本」の歴史は古い。また情報学というものは図書館学と深く関係している。哲学は、物理学や化学や心理学のように実験や観察を行わないし、建築学のように建造物のような物質的成果を後世に遺すことがない。哲学は思想活動を営むものであり、その主たる媒体は厳密な概念規定を伴った言語である。そして、それが論理的に組み合わせて構築されると哲学書になり、文献として後世に伝承されることになる。この点は文学と似ている。

「情報」というものはたしかに「言語」と深く関係している。情報の意味内容も言語との関係から理解されるべきものである。これに対して、二〇世紀に電話通信の技術的問題に直面して生まれた数学的情報理論は、意味の問題を捨象した情報の量化戦略であったと言える。今日のパソコンにおけるワープロソフトも意味論を捨象した構文論（統語論）からなっている。ただし、情報には非言語的側面もあり、これには物質や物理的プロセスの「構造」や「機能」というものが深く関わってくる。遺伝子の物質的実体たるＤＮＡ（デオキシリボ核酸）は、このことを示唆するためによく引き合いに出される情報的契機である。

ＤＮＡは四つの塩基からなる情報媒体であるが、これは受容者の意識的知覚ないし理解作用なしに遺伝情報の伝達と複製を成し遂げている。それは人間における言語を媒体としたコミュニケーションに即して理解される「情報」の概念からは程遠いものである。それゆえ、ＤＮＡによる伝達と複製は情報を取り扱ったものではないという指摘がある。つまり、言語を介した意識的知覚と内省的理解なしの伝達は情報に関与するものではない、というわけである。ただし、ＤＮＡを構成する四つの塩基とその配列は「分子言語」と比喩的に表現されているが。

ところでＤＮＡが情報に関わらないとする態度と関わるとする態度のどちらが哲学的だと言えるであろうか。軽薄な人は、前者だと断言するであろう。しかし、我々はここで中世哲学における informare（形相付与）という概念、ならびにそこから遡ってアリストテレスのエイドス（形相）の概念を想起しなければならない。さらに、認識（知識）と存在双方の根拠として立てられたプラトンのイデアの概念にも思いを馳せなければならない。ちなみにプラトンのイデアは観念とか意識内容ではなく「超主観的形態ないし本質」を意味する。その意味でアリストテレスの形相概念と深く関係していることは言うまでもない(1)。

ところでアリストテレスは生物学の創始者であり、彼の形相概念は生命体(特に植物)の成長をモデルとして語られている。そして「形相」は知覚者の主観的意識内容に括り込まれるようなものとしての「主観的情報」の類のものではない。この意味ではDNAに似ている。アリストテレスが現代に生きていたらDNAが形相の物質的体現者だと言うであろう。ただし彼の言う形相と質料の区別(これはもちろん両者の二元分割ではなく弁証法的関係を意味する)は顧慮しなければならない。そして、認識の根拠となるものとしてのプラトンのイデアの概念も顧慮しなければならない。そうしてこそ認識と存在と生命を統合的に理解せしめる根拠としての information の概念に到達できるのである。

ここでわざと英語で表記した。なぜなら日本語で流通している「情報」の概念はあまりに「知識」や「メッセージ」と癒着しており、主観的意味合いが濃いからである。いったい information にアリストテレス的な形相の意味合いがあることを理解している人がどれだけいるであろうか。また情報の客観性に目を開けないことも問題である。そもそもニュースや広告や旅行案内や試験の時間割には客観性が要求される。「それらが知覚者の意識に言語や画像を介して受容されて、初めて情報となる」というような見識は底が浅い、と言わざるをえない。「そうだから〈主観的〉だ」などと言うのは、「客観性という概念も各人の意識に受容されて初めて意味をもつのだから主観的だ」という自己撞着の外に一歩も出ない。

こうしたことは社会や自然の「秩序」、あるいは「法律」や「制度」といったものを顧慮すると分かりやすい。Information はこうした現象に深く関係している。また物質や物理的プロセスに見られる「自己組織性」も information の草分け的存在である。雪の結晶やベローソフ・ジャボチンスキー反応*に代表される、化学反応における美しい規則的模様の自発的形成などがその代表例である。これらは、物質のカオス的状態からパターンが自己組織化されて整合的形態が現れることを示している。これらには意識的製作者の測定や設計は全く関与していない。そして、このことは下等生物の行動にも当てはまる。ミツバチは測定や設計を介さずに、重力の方向性を感知するという身体的認知能力によって正六角形の集合体たる格子状の巣を集団で作る。またアリの集団的行動は、人間社会におけるような統治者や制度を介さずに、一種の社会的秩序を創発せしめる。その他、発生学で論じられる形態形成なども混沌から秩序が創発するプロセスとして認められている(2)。

西洋の哲学は、古代ギリシアにおいて自然哲学として始まった。そして、それは万物のアルケー(始原)を問い求めるものであった。まず、最初に、水とか火とか土とか空気といった質料的なものが挙げられ、その後、数とか知性《ヌース》とか無限定なるものといった形相的なものに視野が移っていった。質料的なものを重視すると、必然的に唯物論に帰着する。デモクリトスからエピクロス、ルクレティウスへと伝承された「原子論的唯物論」は、その代表である。原子論的唯物論によると、この世界は原子(atom=それ以上分割できない微粒子)とそれらの間隙たる空虚からなる。こうした考え方は精神や意識の存在を随伴現象に貶めるものとして、今日まで二元論や精神主義の陣営から激しく攻撃されてきた。しかし、二元論はある意味で原子論的唯物論の双子の兄弟なのである。それゆえ、原子論的唯物論に対するプラトン主義的批判は脆弱だと言わざるをえない。近代におけるデカルトの実体二元論もバークリの唯心論も力不足である。そこで、要求されるのは「自然」そのもの(ひいては物理的プロセス)の非唯物論的理解ということになる。その際、形相を自然から切り離さずに、それと質料との弁証法的関係を理解することが要求される。これによって有機体的自然観が熟成し、唯物論が内側から打破されるのである。アリストテレスはまさにそれを実行したし、最近ではホワイトヘッドがその姿勢を体現している。

以上のような事情を顧慮して、我々は information を万物のアルケーに据える形而上学を構築しなければならない。それは遠大な計画であるが、少なくとも基本的見取り図を描くことは可能である。そして、それは必然的に存在論と認識論の刷新につながるであろう。プラトンは『国家』において、「認識の普遍妥当性」と「有るということの実在性そのもの」を可能ならしめる根拠を「善のイデア」と規定し、それが実在（ousia）の彼方に超越してある、と主張している。「善」は人間的道徳に関わるだけではなく自然の秩序や宇宙の始原にも関わる。この観点をアリストテレスやホワイトヘッドの自然哲学的存在論に結びつければ、「善」の代わりにinformationをもち出すことの有意義性が察知できるであろう。

ところで、物心二元論と主観―客観対置図式の洗練されざる形態は、現代においてもなお根強く民衆の意識に巣食っている。この傾向は、あまり勉強好きではない大学生から学者ないし知識人まで及んでいる。民衆に「物質的世界を成り立たせているのは情報である」ないし「物質を物質たらしめているのは情報である」と言ってみるがよい。「とんでもない考え方だ」という反応がほとんどであろう。もちろん形相的なinformationの概念を説明しないままに「情報」と言っているのだから、しょうがない面もあるが、たとえ形相と情報の関係を量子情報科学の観点と結びつけて説明しても、多くの場合無駄であろう。

もう一つ民衆にとって耐えられないと推測される表現に「植物の心」というものがある。知っている人は知っていると思うが、この表現はアリストテレスの『心について（*De Anima*）』に出てくる。「心」はギリシア語でプシュケーである。アリストテレスはプシュケーの最下層の機能として栄養摂取能力を挙げている。それゆえ植物にもプシュケーを認めるのである。ところが日本語の「心」は「栄養摂取能力」など顧慮した意味合いをもっていない。日本語の「心」は主観的情感を伴った人間的精神性を示唆する概念として民衆に流布している。だから「植物の心」という表現に矛盾を感じるのである。おそらくプシュケーの概念を説明しても無駄であろう。理屈では分かっても感覚が受けつけないのである。この点は情報と形相的informationの関係と似ている。

アリストテレスの言うプシュケーは「生命」と深く関係している。それゆえ、稀ながら「生気」と訳されることもある。「植物の生命」や「植物の生気」なら民衆もすんなり受け容れるであろう。しかし、それで済ますわけにはいかない。「植物の心」という概念をシリアスに受け取り、そこから「客観的心」の概念の可能性に目を開き、心と形相的情報の関係を理解しなければならないのである。

ところで「主観—客観図式の乗り越え」というのは二〇世紀の哲学の猛者たち（ハイデガー、ジェームズ、ホワイトヘッド、廣松渉など）が喧伝したものであるが、この姿勢を情報の形而上学に取り入れることは、哲学の新たな局面を切り開くに違いない。つまり、それは存在論と認識論の接点を形相的情報の概念に収束させつつ、「存在」と「意味」の関係を浮き彫りにするのである。その際、同時に「経験」の概念の深い把握が要求される。「経験」の概念は、ジェームズやホワイトヘッドが深く考えたものであるが、現代の心の哲学にもこの余波は及んでいる。そして興味深いことに、その際「経験」と「情報」が宇宙論的視野の下に統合されるのである。たとえば心脳問題の雄チャルマーズは、そのような視点をもっている。ジェームズやホワイトヘッドは「経験」に主観的体験流を超えた地位を付与していた。つまり彼らによると「経験」は無意識的要素を含んだものとして主観的構成の枠を超えているのである。(3)そして、それは宇宙の根本的構成要素、つまりアルケーの地位に昇進させられる。しかし「経験」をアルケーに据える立場は観念論的思考の最後の残滓を濾すことができずにおり、その意味では「存在」と「意味」の接点を捉えるには役不足の感を拭えない。そこで「形相的情報」のお出ましということになる。「経験」は「形相的情報」と融合してこそ、その意義が際立ってくるのである。

チャルマーズによると宇宙の根本的構成要素は「情報」であり、それは外面的相として物理的プロセス、内面的相として主観的意識の現象的性質をもつ、とされる。(4)こうした彼の考え方を、環境の中で生きる有機体としての人間の在り方（世界内存在）や生命の問題も顧慮しつつ、「存在と意味」という問題に向けて洗練させることが肝要だと思われる。なぜなら、それによって意識と心身問題の関係の深い次元での解明が可能となるからである。

ところで、こうした問題に対処するためには、「創発」という現象をシリアスに受け取り、それを思索の根幹に据えなければならない。そして、この「創発」の概念を人間的ないし心的次元、生命的次元、物理的ないし自然的次元の三階層において把握することは、新たな存在の階層の発見につながるであろう。それは、質料と形相の区別、存在と存在者の区別、モノとコトとの区別という先哲の見解を顧慮しつつ、さらに過程が実在であるという視点を保持しつつ、存在と意味の接点を形相的情報の視座から解き明かすことに導くであろう。

筆者は、以下の論考をもって、万物のアルケーの探究という古代自然哲学の理念を現代に復興させるための狼煙《のろし》としたい。

注

（1）プラトン『国家』（上・下）藤沢令夫訳、岩波文庫、一九八〇年、バーネット『プラトン哲学』出隆・宮崎幸三訳、岩波文庫、一九七九年、アリストテレス『形而上学』（上・下）出隆訳、岩波文庫、二〇〇七年を参照。

（2）H・ハーケン『自然の造形と社会の秩序』高木隆司訳、東海大学出版会、一九八五年、B・グッドウイン『DNAだけで生命は解けない――「場」の生命論――』中村運訳、シュプリンガー・フェアラーク東京、一九九八年を参照。

（3）このことは前に触れた。拙著『自我と生命――創発する意識の自然学への道――』萌書房、二〇〇七年を参照。

（4）Cf. D. J. Chalmers, *The Conscious Mind: In Search of a Fundamental Theory*, Oxford University Press, 1996（林一訳『意識する心』白揚社、二〇〇一年）

＊　ベローソフ・ジャボチンスキー（BZ）反応とは一九五一年から六八年にかけて旧ソビエトの生化学者B・P・ベローソフとA・M・ジャボチンスキーが発見した化学反応である。普通、化学反応は動的なパターンないし時空的秩序の形成というイメージとは結びつかないが、彼らが発見した反応は振動性の自己触媒反応で、美しい規則的な模様が一定のプロセスを伴って自発的に現れることを特徴とする。つまり、この反応においては時間空間的パターンが自己組織化されるのである。

こうした反応は様々な試薬の合成で確かめられるが、基本となるのはマロン酸、臭素酸、セシウムイオンなどの混合である。

これによって複雑な化学反応が起こる。そして、化学反応とは要するに元素の組み合わせの変化である。しかし、その組み合わせの変化だけからは、美しい模様の発現ないし時空的秩序の自己組織化の意味は看取できない。そこには単純な物質性を超えた生命現象の原初的形態が観察されるからである。これは非生物にも形相が存することを示唆している（B・グッドウイン、前掲書を参照）。

とりあえず、実際のBZ反応の画像を先入見なしに見てほしい。(i)は同心円的波形パターンの形成、(ii)は螺旋的波形パターンの形成を示している（画像の出所は http://www.scholarpedia.org/article/Belousov-Zhabotinsky_reaction）。

（i）

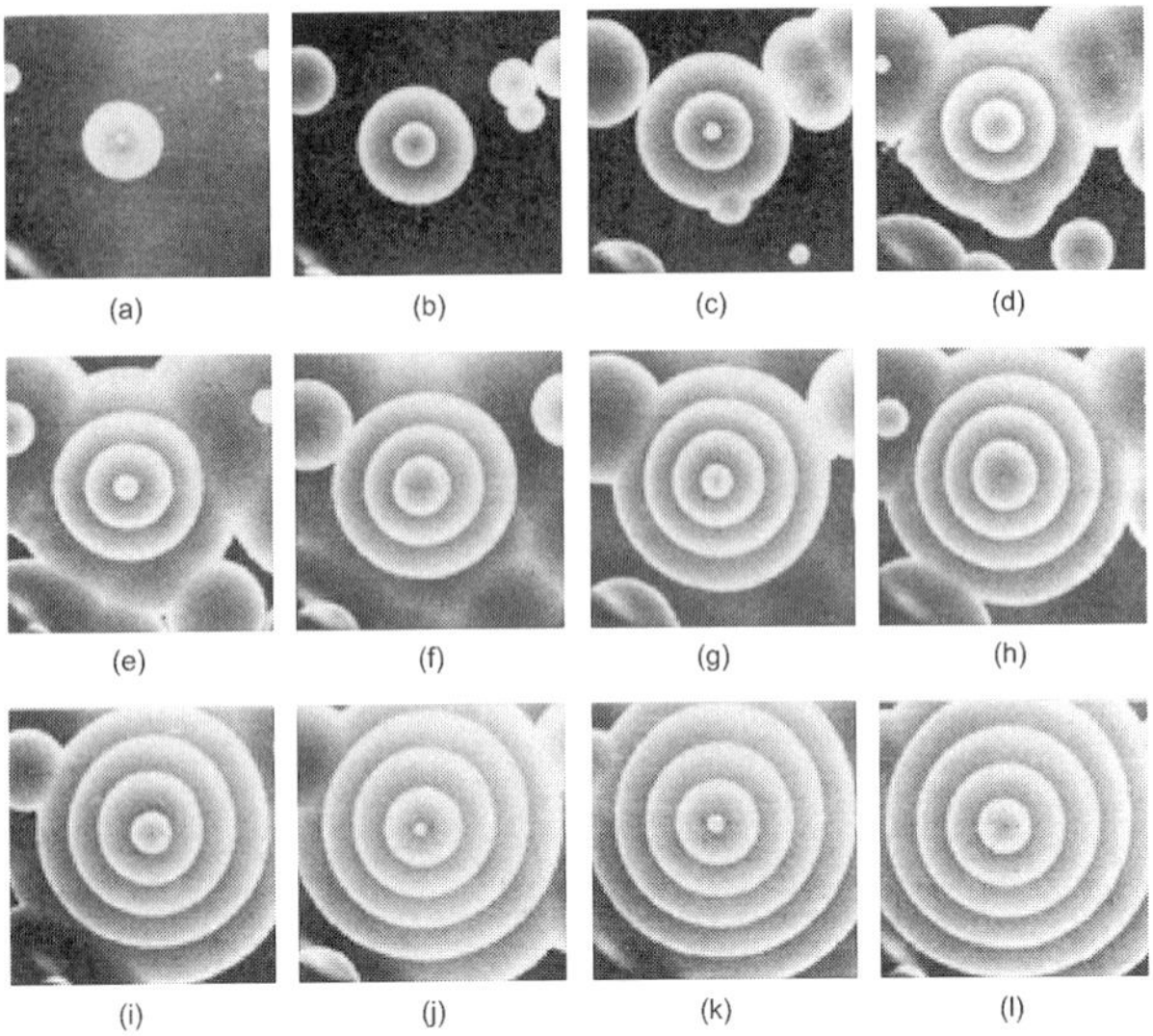

（ii）

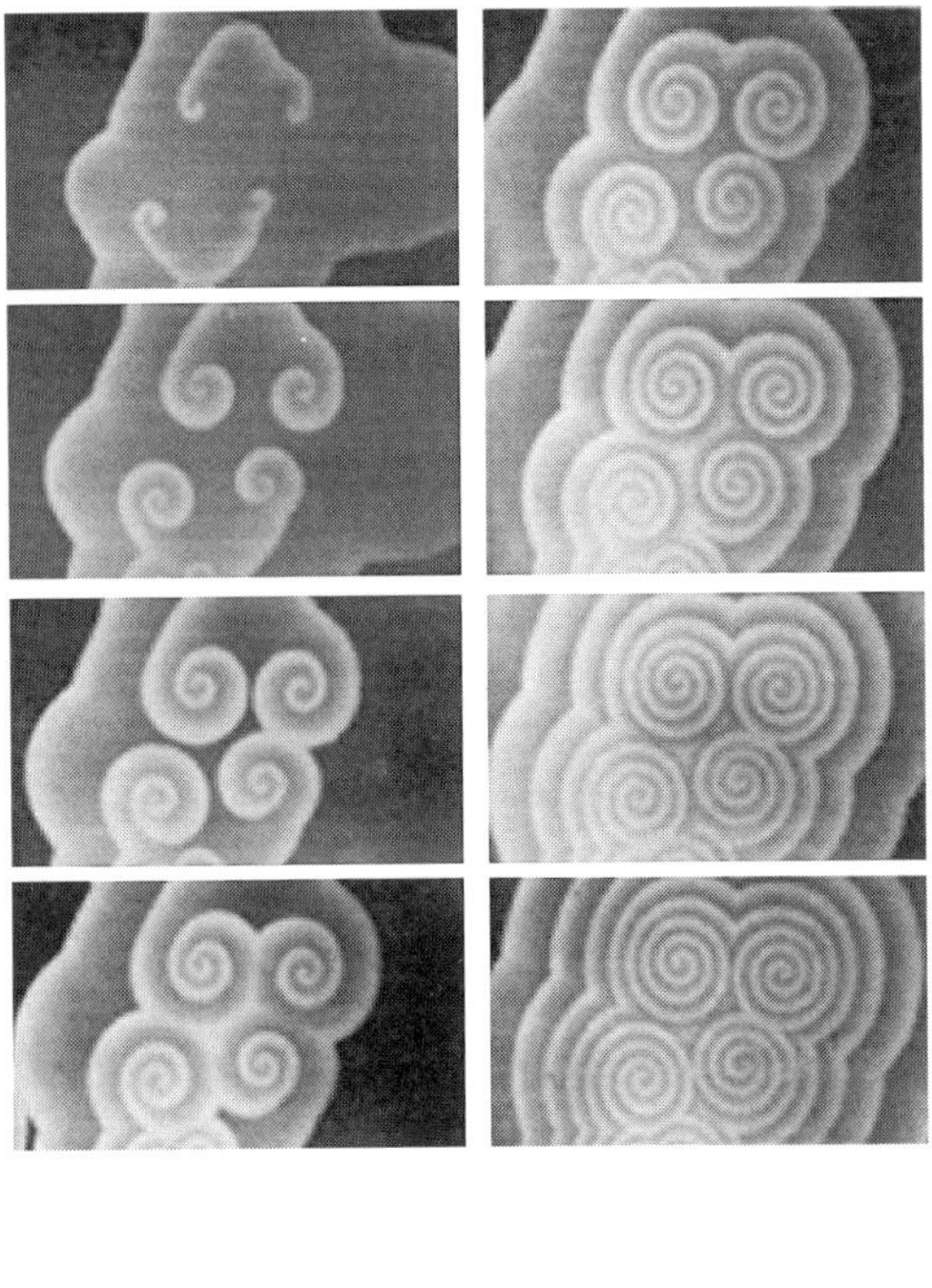

第1章　情報の本質への問いと存在論

はじめに

我々は物事の本質を理解し、そこに意味を見出そうとする認知傾向をもっている。さしあたって最初に覚知の視圏に入ってくるのは外的対象である。そして我々は、その対象の本質を環境世界の意味連関に照らして理解しようとする。さらに我々は、自らの内面にも関心をよせ、自己の存在の意味を理解しようとする。

外的対象と内面的自己は、とりあえず区分けされているが、自己と世界は本来一体のものであり、人間の営む経験は生命性を帯びたものとして純粋な内面的主観性に括り込まれるようなものではない。つまり、経験は意識と行動の統合体として環境世界へと脱自的に関与しているのである。

こうしたことを顧慮すると「人間的認識ないし認知」と「世界と自己の存在」の接点への視野が開けてくる。すなわち、意識と存在の融合点が顕現してくるのである。そして、その際「情報」の意味が見直されることになる。

情報は、一般に自己の意識と行動に作用する環境世界からのメッセージと考えられている。その際、環境世界からの感覚刺激が認識主体によって知覚されて意味をもつメッセージに変容する、とみなされる。しかし、ここで「外的世界の雑多な感覚素材」と「内的意識界の意味付与作用」を完全に区別して、情報と意味を主観的な圏域に括り込んでしまう姿勢は思慮が浅い、と言わざるをえない。外的世界自体が複雑な構造と組織をもった情報励起媒体である、ということに目を開かなければならない。つまり、外的世界は自己組織性をもった有機的構造体として意味励起の「場」である、と理解しなければならないのである。そうすれば、情報（information）が主観的意識の構成機能の狭い枠組みを超えて外的世界の構造や組織にまで延び広がった「形相付与の自発的活動のプロセス」として把握できるようになる。ちなみに外的世界には自己の身体の物質的組織も含まれる。

しかし、一般には情報のこうした側面は全く理解されていない。そこで、まず「情報とは何か」という問いをシリアスに受け取り、それに立ち向かわなくてはならない。その際、なぜさしあたって情報が主観的現象として物理的プロセスから切り離されるのか、を問わなければならない。つまり、情報の本質を理解するためにも主観―客観図式は乗り越えられるべきなのである。そして、この乗り越えは必然的に存在論の刷新につながってくる。その際、存在と意味の接点が情報という視座から新たに照射されることになる。換言すれば、もっぱら心的で主観的であると臆断されていた情報が、自己と世界の交互往還性において生起する生命の自己組織運動に即してその形相付与的機能が理解され、客観性へと拡張されるのである。ただし、ここで言っている「主観性から客観性への拡張」を従来の二元論的図式に基づいて理解してはならない。

「存在」とはそもそも主観でも客観でもない。それは両者の対立を超えている。認識論における主観―客観対置図式は、存在という基底から派生したマーヤーのヴェール（迷妄の元）である。認識主観に対象への関心を引き起こし、対象には形相を付与することによって意味を励起する「根源的力」、それが主観と客観を包む「場」としての「存在」である。そして、これが形相的情報に深く関係している。

そこで我々はまず情報と存在の関係を問わなければならないことになる。その際、肝要なのは、情報を物質と意識の対立相から解き放ち、「場」としての存在へと融解することである。そして、そのためには我々の「存在への関心」と「物事の本質や意味」がどのようにして経験へと統合されるのかを理解しなければならない。ただし、それを超越論的哲学の方法へと引き戻してしまっては元の木阿弥である。経験論を超えて経験の基底に還帰するような姿勢が要求されるのである。これは人間の主観的構成力を乗り越える態度に裏打ちされている。

本章での考察は以下の順序でなされる。⑴素朴な情報概念を乗り越えること。⑵情報の本質へと迫る道。⑶存在への問い。⑷存在の意味への関心。⑸情報と存在。

1 素朴な情報概念を乗り越えること

既に述べたが、情報は一般に人間的意味を帯びたメッセージや知識として理解される傾向がある。それゆえ広い意味での主観性の刻印を帯びている。つまり情報は、それを受容し認知するものなしには存在しえない、と考えられてしまうのである。ここには認知者の意識が関わってくる。意味を認取するためには受容者の意識的情報処理が必要だとみなされるからである。こうした思考傾向からすると、客観的な物理的世界は堅固な構造と組織をもった実在であるのに対して、情報は主観的意識の中に存在するふわふわしたもののように思われる。前者がパソコンのハードウェアだとすれば、後者は一時ファイルのようなものだ、というわけである。もちろん、深く考えたことのない人々も、情報はそうした虚構的存在に尽きるものではないということに薄々気づいている。しかし、それを明確に概念化する術を知らないのである。

「誰もいない山奥の森で木が倒れるとき音はするであろうか」という問題について考えてみよう。「音」はそれを知覚する者がいて初めて成立する現象なので、「誰もいない」とするならば音はしないであろう、という回答が真っ先に予想される。ただしこの場合、人間だけではなく他の聴覚をもった動物もいないかどうかも問題となる。また、人間でも聴覚を失った者がいた場合はどうなのか、と問うこともできる。いずれにしても問題なのは、その音を知覚する認知主体なしに「音」という概念は成り立つのだろうか、ということである。

この問題はバークリが立てた存在と知覚の問題と深く関係している。彼は「存在するとは知覚されていることだ」と主張した。(1) これに従えば、前の問いの答えは明白である。つまり「音がすることは絶対ありえない」となる。しかし、この考え方はあまりに狭量すぎるのではなかろうか。こうした考え方に従うと、外出中には自分の家は存在しないことになる。また自分が知らない片田舎の山村も存在しないことになってしまう。これは明らかな矛盾である。しかし、一般の人は「情報」という現象に関してなぜかこの矛盾した思考法ないし把握法を適用してしまうのである。

我々は、外出中たしかに自分の家を知覚していない。しかし我々は、それが存在することを想定して行動している。というよりは、してしまっている。ところが空虚な反省に身をやつすとバークリのような観念論的思考に陥ってしまうのである。この場合、思考ないし意識と行動は不可分の関係にあり、対象の存在ないし実在性について考える際この関係をぜひとも顧慮しなければならない、ということに視線を向け変える必要がある。ちなみに、ここから主観的観念論と自然的（客観的ではない）実在論との対立図式が成立してくるが、それについては後で論じることにしよう。

情報の存在について考える際にはその物理的性質とともに人間的生活への関与を顧慮しなければならない。なぜなら、それによって主観的情報概念の呪縛が打ち破られるからである。

知覚主体がいない山奥の森で木が倒れるときたしかに空気の振動が引き起こされる。そして、この振動は圧縮空気の分子パターンとして物理的実在性をもっている。「音」と「振動」は果たして全くの別物であろうか[2]。これについて考える際、東京都の住民に「渋谷」と「佐井村」について知っていることを尋ねる場面を想定してみればよい。東京の人なら渋谷のことは誰でも知っている。しかし佐井村のことを知っている人はほとんどいない。東京の人が知っていようがいまいが佐井村は青森県にたしかに存在しているし、お望みならすぐそこに案内できる。この喩えは、それについて知らないということからその非存在を導き出すことはできない、ということを暗示している。それなら、音と振動の関係はどうであろうか。これに前の喩えを直接適用することはできないが、大まかな構造は同じである。どちらの場合も、知覚や意識や思考という主観的要素と物理的ないし社会的実在性という客観的要素の懸隔が問題となっているのである。ちなみに、この両者を媒介するものとして行動や生活という生命的要素がある。ところが情報、特にその存在について考えようとすると、一方的に主観的要素に傾いてしまうのである。

素朴な情報概念は、情報の主観的性質に偏向する思考傾向から生じる。この場合、客観性への媒質たる行動や生活という契機が看過されている。そして、こうした思考姿勢ゆえに情報が物理的実在性をもつという視点が失われる破目になる。存在論や認識論や心身問題について深く考えたことがない人は、基本的に二元論的世界観に毒されており、情報がひとたび主観的ないし心的なものとして把握されると、それを客観的ないし物的なものとして理解するための視野が塞がれてしまう。ただし、そもそも主観的—客観的とか心的—物的という対置図式自体が低級なものなので、「情報の物理的客観性」という概念をもち出しただけでは、素朴な情報概念を克服することはできない。二元論的対置図式自体が乗り越えられなければならないのである。しかも面白いことに、この乗り越えに「情報」の深い理解が強力な役割を果たす。ここには一種の理解の循環が存するが、肝要なのはこの循環の外に逃げようとせずにその中に正しく入っていくことである。

2 情報の本質へと迫る道

先に触れたように、情報には形相付与や自己組織性という機能的側面がある。これは自然の働きにもともと備わっていたものであり、人間の意識による人工的産物ではない。ここから意識的処理に先立つ情報の自然的実在性が看取される。自然的実在性とは客観的実在性とは異なった概念であり、後者と違って主観性をも包摂する力を秘めている。主観的観念論によると、意識の関門を通らないものは、その実在性を論じる資格をもたないものと判断される。それに対して自然的実在論によると経験は無意識的要素も含んだものとして了解され、意識による確認機能が過大に評価されることはない。そしてこのことが主観―客観対置図式の道具的性格の看取につながり、ひいては心的―物的という二元論的構図の便宜的性質の認知に導くのである。

意識による確認作業を重視しすぎると、認識論的神経症に陥る。我々の認識作業は、内省的意識による確認によってのみ成り立つものではなく、非意識的ないし非内省的行為という生活的要素によっても深く彩られている。普通、内省的意識が作動し始めるのは、行為ないし身体運動が停止したときである。また内省の機能にはそもそも限界がある。たとえば、激怒した心的状態をリアルタイムで内省することはまず不可能である。激怒した心的内容に関する内省は常に後でなされる(3)。つまり、意識による検閲はこうした場合時間遅れなのである。ところが先験的意識の傲慢性は、時間の先験的繰上げをしてしまう。ここから、常に心の内容を監視しているのは意識であるという主観的観念論の独断が生じる破目になる。これは、ちょうど自分の背中に「バカ」という張り紙をされたのに気づかないまま得意がっている状態に似ている(みな子供の頃によくやったイタズラ)。ちなみに、時間は遡れないという超越論的哲学者の主張は、主観的構成機能に偏向したものであり、行為や無意識的な心的要素を介した時間と空間の融合性への無理解に起因している。「時間を遡る」のと「鮭が川を遡る」のとは類比的事態であろう。

こうしたことを考慮すると、情報の客観性ないし物理的実在性に関する視点が、二元論的構図に幻惑されない形で生じてくる。つまり、客観性とか物理的実在性という言葉が、主観性や心理的虚構性への頑な対置から解放されて、自然的実在論の観点から理解されるようになるのである。そして、ここから情報が物理的性質をもつということが、決してその主観的な知識的性質と相容れないものではない、ということの認知が萌す。つまり、会話や通信によって得られる知識としての情報と雪の結晶に見られる自己組織的形相性の接点に目が開かれるのである。

前世紀の物理学は、情報が物質とエネルギーに並ぶ自然界の根本的構成要素であるという仮説を立て、その実証は着実に進んでいる。つまり、この宇宙は情報によって自己組織性と秩序が付与されている、というのである。これはデモクリトスの原子論的唯物論の観点からは思いも及ばなかったものであるが、アリストテレスの目的論的自然観からすれば当然の帰結である。ちなみにデカルトの実体二元論の構図からするなら、情報は心的世界に封印され、物理的世界に属すものとはみなされえないであろう。現代の民衆も基本的に二元論的世界観に浸っており、情報が物質的世界の基底に存するという考え方には反発を示す。自然に関しては原子論的唯物論ないしその亜型の観点を採用してしまうからである。

そこで肝要なのは、「形相付与的物理因子」(in-form-ation)としての情報(information)を、唯物論と二元論の中道を行く自然的実在論の立場から理解することとなる。さらにその際、物理学や生物学における「情報」の概念の存在論的評価が並行すべきである。また、人間の行動や生活という生命的で社会的な要素にも着目する必要がある。なぜなら、先述のように情報は意識のみならず行動にも影響を及ぼす社会的機能をもっているからである。

行動は身体運動を介したものとして物理的性質をもっている。情報の影響は内的意識界のみならず物理的行動によって構築される社会的共同世界にも及ぶのである。そして実際に都市の構造などに物質的変化を引き起こす。そして、その変化がまた個人の意識へとフィードバックする。ちなみに、内的意識界も従来の二元論的立場からもっぱら非物理的なものとして把握されることは終焉を迎え、情報物理的なものとしても理解され始めている。科学と哲学の双方で。

物理学では情報を負のエントロピーと規定することが多い。エントロピーとは無秩序さの度合いを示す概念であり、数学的に表現しやすい。エントロピーの増大は最終的に宇宙の熱的死を招くと想定されているが、自然界は必ずしも無秩序さの増大に支配されていない。特に生命的現象はそうである。また非生命的物理界にも自己組織性や秩序や非線形的創発性を積極的に見出していくのが最近の物理系の科学の傾向である。この傾向には物理学出身の哲学者ホワイトヘッドが少なからぬ影響を与えている。また、この宇宙が数学的秩序を伴ったものであるという思想は既にプラトンの『ティマイオス』に神話的ながら表明されている。真実在《ウーシア》をめぐる巨人の戦いは今日において情報と物理の関係に収斂した、と言っても過言ではない[4]。

情報の本質へと迫るためにはその「場」的性質を見抜かなければならない。しかし「場」とは分かったようで分からない概念である。なぜなら、それは「分かる」ということを準備する先行的枠組みだからである。つまり、そもそも知識や認識が成立するためには、それが生起するための先行的「場」が必要なのである。また、物が現れるためにも「場」が必要である。「場」なしには混沌とした雑多な感覚素材が無秩序にばら撒かれた状態となったままである。そこには認識の整合性も存在の秩序もない。

「場」は「関係の第一次性[5]」ということを顧慮すると、その理解の糸口が得られる。普通、孤立した個物が原子のように空間内に相互に無関係に存在しており、事後的にAという個物とQという個物の関係性が生じる、というふうに思い込まれている。それに対して関係の第一次性という考え方は、「関係」ないし「関係性」が最初にあり、その網の目の中で初めて個物が個物として現出しうる、と主張する。このことが分からないと、原子論的唯物論や実体二元論の思考法が跳梁跋扈する破目になる。

「関係」はまた「意味」ということも深く関係している。そして「意味」は「秩序」と切っても切り離せない概念である。そして、認識を整合的にしつつ知識に意味を付与するのは、情報場のもつ先行的秩序である。この場合、情報場とは認知主体の脳の中の神経回路網と環境世界の双方に成立するものであり、その意味で主観と客観の融合を示唆している。

ただし「場」は単なる空間ではない。それは自己組織性を励起する媒質としてエネルギー的性質をもっている。このことは生物学における発生論から社会心理学に至る幅広い分野で確認されている。生物の形態形成や遺伝子の形質発現はＤＮＡの分子的機能から還元主義的に説明されえないものであり、励起媒質としての生命場を想定して初めて理解可能となる。(6)また、人間の意識は、個人の脳の組成や機能を調べただけでは理解できず、その人が置かれた社会的環境、ならびに各人の脳と脳の間の社会的相互作用を顧慮して初めて把握できる。ここでは社会的環境ないし脳と脳の「間」(人と人の「間」と言ってもよい)が意識の励起媒質としての「情報場」の役割を果たしている。ところが、多くの人は「間」といったような抽象的なものに目を開けないので、もっぱら個人の脳の中に意識の発生根拠を見つけようとするのである。あるいは、唯脳論的脳科学思想に生理的嫌悪感を示して脳の外の非物質的世界に意識の故郷を探してしまう。どちらも関係の第一次性から理解されるべき「間」というものが分かっていないのである。

かつてオイルショックという事件があり、その過剰な報道はトイレットペーパーの大量の買いだめなどの常軌を逸した行動を民衆に引き起こした。このような現象に代表される社会的行動や心理は、マスコミと消費者が社会的情報システムという場で相互作用して生じた協力現象であり、その本質は個々の成員やサブシステムを個別に調べても分からないのである。こうした社会現象ないし集団行動は、情報が個人の意識や行動を変革し、ひいては物質的世界も変動せしめるものとしてエネルギー的性質をもっていることを示唆する。それは、DNAに分子言語として蓄えられた遺伝情報が生命体の物質的組成を築き上げるのと類比的事態である。情報はふわふわした主観的虚構物ではなく物理的実体性をもったものとして理解されなければならない。そして、こうした視点を堅持することが心と物、主観と客観という頑固な動脈硬化的対置図式を打破することにつながり、翻って情報の本質に迫る道を開くのである。

3　存在への問い

「関係」とか「間」とか「場」という言葉に直面すると、とりあえずふわふわした実体のない主観的虚構物を思い浮かべてしまうのは、存在論に疎い民衆の性《さが》というものである。多くの人にとって、さしあたって存在すると思われるのは、関係や間ではなく、そうした場に現れる個々の対象である。ただし対象と言っても、机や皿や自転車のような手に触れて使用できる道具的な物からビルや雲や太陽のような手の届かない巨大な物まで多種多様である。また、思考ないし観念や夢の中に現れる実物の模造も対象としての物である。これらすべてに共通するのは、他の対象と周囲の空間から明確な輪郭をもって区別され、「これ」と言って指し示せることを特徴としている。そして、この性質は見たこともない分子や原子や素粒子にも付与される。

これらの特徴は他との輪郭がはっきりしており独立の対象として認知しやすい、ということである。それに対して、複数の存在物がシステム的に統合された対象に関しては少し事情が違ってくる。たとえばケンブリッジ大学とか東京都がそれにあたる。

ケンブリッジ大学とは果たして何であろうか。その名辞は何を指し示しているのだろうか。ケンブリッジ大学の中核をなす建物なら「これ」と言って直示できるが、それがケンブリッジ大学そのものだとは誰も考えない。ケンブリッジ大学とは、建物とキャンパスのみならず教員や学生や職員および歴史と伝統、そして現在の組織と地域や国家や他大学との関係すべてを含んだ一大システムのことである。それゆえ「これ」と言って直示できるような「ケンブリッジ大学そのもの」は存在しないのであり、現実に在るのは、このような一大システムとしての「ケンブリッジ大学系」のみである。(7)

東京都に関しても事情は同じである。東京都は他との境界がはっきりした地理的特性をもっているが、その境界内にあるすべての物を集めても東京都にはならない。それでは東京都の象徴たる都庁の建物を指し示せばよいのであろうか。誰もそのようには考えない。東京都もまた、建物や道路や鉄道各線や河川や港湾といったハードウェアとともに、そこで暮す住民や観光客や仕事で訪れる人々、さらには行政や経済や風習といったソフトウェアから成り立ち、これらの様々な要素が複合して存立する一大システムなのである。ちなみに東京都、特に特別区は日本一の大都会として複合性が極めて高いシステムをなしている。これには東京都が首都圏というさらに巨大なシステムの中核をなしていることも関与している。たとえば、都心には神奈川、千葉、埼玉から大量の人々が仕事や買い物にやってくる。また海外からの来訪者も多い。こうした要因が東京都のシステム的外延を拡張しており、千葉や埼玉も東京都の一部とみなされうるのである（浦安の東京ディズニーランド、旧与野地区のさいたま新都心などを想起されたい）。もちろん地理的区分けは明白である。しかし、それを指し示しただけでは東京都のシステム的本質は理解できない。

以上のことを存在論的に表現するとどうなるだろうか。ケンブリッジ大学も東京都も物在しているのではなく事在ないしシステム在している、ということになる。「物在《ぶつざい》」とは基本的に物が在る様を指している。たとえば「机の上に花瓶がある」と言う場合の「ある」はその代表例である。花瓶のような対象は、他の対象から明確な輪郭をもって区別され、それが置かれた空間の特定の位置に一定の拡がりをもって存在している。それに対して「事在《ことざい》」とは、対象を指す単語ではなく事態を指す文で表現される存在様態のことを言う。直前に挙げた例に即して言うと、単独の花瓶ではなく、「机の上に花瓶がある」という文全体が指し示す存在様態、それが「事在」である。

この例では少し分かりにくいと思うので、別の例に訴えてみよう。たとえばポパーは次のように述べている。「回折格子や結晶は数十億の分子の空間上に広がった複合的（そして周期的）構造であるが、それらは広がりをもつ周期的構造全体として、光子と、あるいは光子や粒子のビームの粒子と相互作用する」[8]。つまり、物理的システムにおいてマクロな構造である全体が、全体として、構成要素たる光子、原子、素粒子に対して下向きの因果作用をもつ、というわけである。ところが一般的見方では、結晶のような一つの物体は、それを構成する原子の集合体として理解されやすく、その時空的複合体としてのシステム特性、つまり全体性は視野に入ってきにくい。そして、この全体性としてのシステム特性は、まさしく物在するものではなく事在するものである。

東京都の場合でも、その時空的全体性の事在的特性はさしあたって視野の外に置かれ、それを構成する要素の方に目が行きやすい。東京都は、他の地域へと脱自的に関与する周期的構造全体としての物理的社会現象であるが、その一期間内の全体的システム特性は、その経済、行政、生活というサブシステムへと下向きの因果作用をもち、それらはさらに建造物や道路や鉄道網に実際の物質的変化をもたらす。また、言うまでもなく都民(これには埼玉都民、千葉都民、神奈川都民も含む)の行動と意識、つまり生活の様態に強く作用する。こうしたことを考慮すれば、「東京都」というものが、それを構成する要素の単なる集合体ではなく、要素の総和を超えた全体的システム特性をもっていることが理解できるであろう。しかも、その全体性は要素に対して下向きの因果作用をもつものとして事在している。つまり、それは単なる観念ではなく実在しているのである。

ところで、一般に「これ」と言って直示できない対象は、実在しない観念として受け取られやすい。しかし、こうした考え方は深い熟慮の上に立ったものではなく、極めて浅くて粗雑な存在理解と世界観の表出にすぎないように思われる。たしかに愛とか幸福とか神といった抽象観念は、そのような世界観の網に引っかかりやすい。しかし回折格子や東京都のようなものは単なる抽象観念ではない。物在と事在の差異を理解し存在論を深めるためには、古くからある実念論 vs 唯名論という対置図式自体が破壊されなければならないのである。そして、このことに形相的情報の概念が関わってくる。

形相的情報は、内的観念の形成に先立つ世界の構成要素である。それは物理的自然界にもともと深く刻印されていたものであり、我々人間の遺伝子にも含まれている。こうした事実を無視して、抽象的対象に対して「観念的虚構物」の烙印を捺して悦に入る態度は軽薄だと言わざるをえない。もちろん、「愛」とか「神」に対してならそれでもかまわないであろうが、そうした姿勢を無反省に温存すると、いつの間にか思考が麻痺して、「東京都」とか「心」とか「教育」といったより穏当な対象に対しても「観念的虚構物」というレッテルが貼られてしまう破目になる。そこまでいかなくても、偏った要素還元主義や二元論的思考に囚われがちとなる。たとえば、人間の心身関係を捉える際に、唯脳論の割り切りやすさに軽薄に飛びついたり、逆にそれに感情的に反発して二元論的思考にすがったりするのは、そうした傾向を象徴している。

存在への眼差しを研磨することは、情報の本質を理解するために極めて有益である。存在は思考や観念に先立つものであるが、実は情報もそうである。しかし、このことはなかなか理解されにくい。抽象的対象の存在を主張すると「観念実在論の嘘」というレッテルが貼られるのは、このことに起因している。プラトンのイデアは、たしかに厳密には単なる観念ではなく超主観的本質であると定義されるが、やはり自然から切り離された精神性の刻印を帯びていることは否定できない。そこで形相《エイドス》を自然と質料から決して切り離さないアリストテレスの姿勢が注目される。とはいえ、認識と存在双方の原理として機能するプラトンのイデアの概念には捨てがたいものがある。情報の本質への問いは、存在論と認識論の接点を顧慮して立てられるべきものであり、そこに経験と自然の相互帰依性が関与してくるのである。

4　存在の意味への関心

情報は意味という現象と深く関係している。そして、意味は認知主体の対象への関心から生じる。さらに、対象への関心ないし志向性は認知主体の「在り方」を反映したものと考えられる。「在り方」すなわち「存在様式」は、認知主体の生命ないし生活の様態を示唆している。たとえば、見知らぬ外国の街を歩いているとき同国人に出会うとほっとする。なぜなら、彼は私に「使える情報」をすぐに提供してくれる可能性が高いから。このとき同国人である彼が多くの通行人の中から際立ってくるのは、私の一時的異邦人性という存在様態が情報を励起する媒体として機能しているからである。また、猛獣が獲物を狙って疾走するのは、もろにその猛獣の生物的存在様式を反映している。つまり、ある動物の群れが「獲物」として認知されること、すなわち特定の意味をもった情報として際立ってくることは、それを狙う猛獣の生活様式ないし生態的特性を示唆しているのである。

存在と認識は一応区別して捉えられるが、深層においては一体のものと考えられる。そして、両者を媒介するものとして情報と意味が挙げられる。ところが一般には情報や意味はもっぱら認識と結びつけられて理解されがちである。しかしプラトンのイデアやアリストテレスのエイドスの概念を想起するなら、この傾向は諫《いさ》められ、存在と意味の関係に目が開かれるであろう。認識することもまた「在ること」の一様態なのである。そして、このことは意識と行動の生命的な表裏一体性と関係してくる。

先に挙げた例にも示唆されているように、同国人や獲物が意味のある対象として際立ってくることは、それを認知する主体の意識と行動に深く関係している。もちろん猛獣には人間的な高度の意識機能は備わっていないが、その原初的形態はたしかに垣間見られる。そして、このことを顧慮しつつ、人間の高度な内省的意識機能の根底に猛獣の野性的な行動的認知機能が存していることを看取すべきである。なぜなら、内省的意識の過大視は、意識と行動の自然的一体性から目をそらさせ、主観と客観の対置的理解を偏屈的に増強し、結局は存在と意味の接点への視点を塞いでしまうからである。

存在と行動は深く関係している。そして、行動は無意識的認知によって彩られている。それに対して、内省的意識は行動が止んだときに作動し始めるがゆえに、その過大視は情報の主観的矮小化を生む元凶となる。ただし、「意識」自体は存在と意味の関係を考える際、やはり重要な契機となる。肝要なのは、意識を「経験」という基底層から切り離さないで理解することである。そして、そのような理解を保持するなら、「なぜ私はそもそも存在していて無ではないのか」という問いに代表される「存在の意味」への関心の源泉が視野の中に現れ始めるであろう。

「なぜの問い」は、我々が「存在の意味」に目覚める際の最も原初的な相を示している。それはある意味でナイーヴな問いかけであるが、これを情報理論と組み合わせるとたんに深みが増す。というのも、「なぜの問い」は常に質料因（どのようにできているのか）を超えた形相因（そもそも何なのか）や目的因（何のために在るのか）を志向しているからである。

「なぜの問い」は、プラトンとアリストテレスのタウマツェイン（驚嘆の念）に発し、その後、ライプニッツやシェリングやハイデガーが存在論的に深めたものであるが、思春期から青春期にかけての自我の目覚めに暗黙裡に付随する通俗的側面ももっている。いずれにしても、この問いにおいては、「私」の存在とともに私を取り巻く「世界」全体の存在が謎として突出してくるのである。そして世界とは自然全体でもある。それゆえ、この問いは切実な自己の実存に対してのみならず、物理的自然界全体の荘厳な秩序に対しても投げかけられるのである。アリストテレスのタウマツェインはもともと、万物のアルケーを問い求めたイオニアの自然哲学を、プラトン哲学を介して形相因と目的因へと深めたものであった。さらにアリストテレスは、形相について生物の成長をモデルとして語っている。彼のこうした姿勢を顧慮するなら、「なぜの問い」に代表される存在の意味への問いと「形相的なものとしての情報の概念」の関係がかすかながら見えてくるであろう。

なぜ我々は、そもそも存在の意味に関心をもつのだろうか。意味は「なぜ」ということと深く関係している。「なぜそもそも存在するものは存在していて無ではないのか」という問いは「なぜ私は存在していて無ではないのか」という問いの発展型であるとみなされる。そして後者は「なぜ（何のために）私は生きているのか」という問いに変換できる。ここには自己の生の根拠への関心が控えている。つまり質料因や始動因を超えた目的因と形相因が志向されているのである。

物理的自然界全体の存在に面しての驚嘆の念もこうした根拠への関心を示唆している。この驚嘆は自然の秩序に触発されたものであり、形相的情報と存在の関係性を反映している。そして、これには人間の意識の秩序とその基体たる脳の情報システムが関与している。つまり、世界（宇宙）の情報構造と人間（生命個体）の情報システムの間に共鳴が生起しているのである。ただし、ここで質料因に囚われて物理学や生理学に偏向してはならない。あくまで存在論的視点を保持しなければならないのである。

存在論は個々の存在領域を超えた普遍的存在の意味を問おうとするが、諸科学の成果を無視するものではない。存在論は、メタ科学としての形而上学（metaphysics）なのであるが、それは超感覚的世界についての思弁というよりは「続・自然学」という含蓄がある。つまり、それは諸科学の成果を帰納的に集約しつつ真実在とは何かと問うのである。また、存在論ないし形而上学は宇宙論と密接な関係がある。そして、ここで「宇宙の情報構造[9]」というものがその重要性を顕にする。もし宇宙が情報構造をもっているとするなら、存在論は情報理論を無視することはできない。なぜなら情報構造とは時空的秩序のことでもあり、宇宙の始原の問題と深く関係しているからである。

「なぜ宇宙と私は存在するのか」という存在の意味への問いは、宇宙論的情報理論との対話によって実り豊かなものとなるであろう。

5　情報と存在

情報と存在の関係を考えることは、前者を認知主体の内的意識界に括り込む姿勢を諫《いさ》めて、それが対象の形相や外部世界の秩序にも帰属するということに目を開かせる、という効能がある。情報はまたカテゴリーというものと深く関係している。そしてカテゴリーは存在と認識双方の根本形式をなしている。ここから存在のカテゴリーと認識のカテゴリーの相互帰依性が看取されるべきである。

周知のように、アリストテレスは存在のカテゴリーとして実体、量、性質、関係、場所、時間、位置、状態、能動、受動の一〇個を挙げた[10]。またカントは認識（思考）のカテゴリーとして(1)量：単一性・数多性・総体性、(2)質：実在性・否定性・制限性、(3)関係：内属性と自存性（実体と属性）、因果性と依存性（原因と結果）、相互性（能動者と受動者の交互作用）、(4)様相：可能—不可能・実在—非実在・必然性—偶然性の一二個を挙げた[11]。これはよくできた範疇表の二例にすぎないが、注意深い人は既に気づかれたように、存在のカテゴリーと認識のカテゴリーは重なる部分が多い。そもそも存在の秩序と認識の秩序は表裏一体のものとして切っても切り離せない関係にある。そして両者を媒介するものとして情報というものがある。

最も素朴な眼差しには物理的自然界の対象は単なる物体（というよりは物塊）として現れ、人間の認知システムに特徴的な整合的秩序など微塵ももち合せないものとして受け取られやすい。動物や植物に対してはそのような感慨を抱くことはないが、岩や水流や空気は単なる物（最も広い意味での「対象」）として理解される。それでは頭痛薬や抗不安薬はどうであろうか。錠剤としてのそれは、手に取って見れば、やはり単なる白い物塊である。しかし、その内部には標的のリセプターに作用するための分子構造がある。つまり、それらは一種のメッセージ（情報）を含んでいるのだ。しかも、それらは服用者によって受容され、リセプターに作用して初めて、その情報機能を発揮するのである。ここには受け取る側の生命体の内的情報環境（頭痛や不安は心理―生理的なそれである）と薬の分子構造の協力現象が生起している。

このような現象を顧慮すると、外部世界の客観的な存在のカテゴリーと内的意識界の主観的な認識のカテゴリーは相補的なものであり、両者を明確に分断することは無益に思えてくる。そもそもどこから内部でどこから外部なのかは明瞭ではない。私の身体は意識に現れるものとしてなら心的なものとして規定されるが、通常は外部のものとして理解されている。さらに意識の内部の表象像のほとんどは外部世界にもともとあった対象の変形である。つまり「内部」とは単なるメタファーなのである。換言すれば、「内部」という表現は、実はそれが本来言及すべき「あの本質」のできの悪い模造にすぎないのである。

その本質とは、統覚と呼ばれる認知システムの統制機能のことである。しかも、それは生命の核心に接したものでもある。「私は存在する」という自覚は、内的意識に根差したものというよりは、生命の深みから立ち現れてくるものなのである。

ところで生命は情報と深く関係している。この場合の「情報」はメッセージや知識としてのそれではなく、生命原理としての「形相」を指している。伝達と複製と形質発現を可能ならしめる遺伝情報はその代表例であるが、免疫細胞のもつ外敵（非自己）の認知機能も最小の「自己」の在り方を暗示している。もっぱら人間の主観的意識をモデルとして認知とか意識とか自己について考える人は、遺伝子や免疫細胞の話を嫌うが、その姿勢はあまりに狭量である。そうした人たちは、雪の結晶とかミツバチの巣の整合的形態をどう解釈するのだろうか。「単なる偶然」とでも言うのだろうか。

また、統合失調症などの精神病に薬が効くのは、それが物質的な脳の病だからではなくて、薬が情報を含んでいるからだ、ということをそうした人たちに納得してもらうことは難しい。二元論者は「もし薬が効くならそれは精神の病ではなくて物質的身体の病だからだ」と考えてしまうからである。あるいは、居直って「精神病に薬を使うなんて不謹慎だ」などと嘯《うそぶ》く。実は薬も脳も身体も精神もすべて情報が中心となってできているのである。しかし、これはなかなか民衆に理解されない。なぜなら、情報が中心となっているにしても他の構成要素や性質に相違があり、情報の中心性が見えにくいからである。

前世紀の中頃から物理系の科学の世界ではガリレイやニュートンのような機械論的自然観の支配が緩んで、アリストテレスの目的因や形相因に類似の原理が問い求められてきた。それは複雑系とか創発性とか非線形的現象の探究に顕著な傾向であるが、それ以前に相対性理論や量子力学において観測者の関与という問題があった。つまり、物理的自然現象は観測者から全く独立した「客観的なもの」であるという理解は廃れているのである。もちろん、これは主観的観念論の称揚など意味しない。主観と客観の対置図式を乗り越える物理と自然の理解が要求されているのである。そして、この理解の基礎を築いてくれたのが物理学出身の哲学者ホワイトヘッドである。彼はそのために存在と認識（説明）のカテゴリーを新たに練り直した(12)。

「在る」ということは「知覚されている」ことに等しい、というのが主観的観念論の見解である。この観点を情報と存在の関係に適用すると、おかしな方向に逸脱してしまう。ところが、一般の人が「情報と存在」の関係について取りうる見解は、それがありうるとすれば、やはり主観的観念論に類似のものなのである。だから、多くの人はそれについて真剣に考えようとしない。なぜなら主観的観念論自体が不合理に思われるからである。

とはいえ、心や意識に関しては主観的観念論で十分とする暗黙の了解が民衆にはある。そこで情報もその線で理解されてしまい、客観的世界から閉め出されるのである。しかし存在は、そもそも「それを理解すること」から切り離せないという意味では情報的である。これは特に「私は存在する」とか「我あり」の意味での「存在」の理解において顕著である。また遺伝子などの質料因も見逃せない。そして質料は形相と不可分の統一体をなして生命体を構成している。それゆえ遺伝子は情報を含んだ質料因として理解できる。他方、自然界や社会の存在的現象もまた情報によって賦活される自己組織性をもっている。ただし自然界と社会では「賦活する情報」の性質に相違がある。社会の場合には人間同士のコミュニケーションや様々のメディアによる情報伝達によって構成されているので理解しやすいが、物理的自然界の場合には物体や物理的プロセス同士の相互作用による自己組織性なので情報との関係が見えにくい。しかし、そこにあえて情報の要素を見出していくことが、地球温暖化などの環境問題の解決に貴重なヒントを与えるのである。

我々個々人の「存在」は、この地球上での大いなる生命の連鎖の一部分とみなされる。つまり、「我あり」の自覚は、この大いなる連鎖の中での生命の自己反映的な意識なのである。そして、このことは「私は自然によって生かされて生きている」という念と表裏一体の関係にある。そして、この「生かされて生きている」ということは形相付与ということに関係してくる。自己の存在や世界の存在を疑う狭量な懐疑論者は、存在と生命と情報の三位一体性に対して盲目なのである。「存在」というものは、知覚の対象としての「在る」から解放されて、知覚の作用を包摂する励起媒質、つまり「場」として理解されなければならない。

注

（1） Cf. G. Berkeley, *A Treatise Concerning the Principles of Human Knowledge*, Digireads, 2005（大槻春彦訳『人知原理論』岩波文庫、二〇〇四年）, G. Berkerey, *Three Dialogues between Hylas and Philonous*, Hackett, Indianapolis, 1979

（2）T・ストウニア『情報物理学の探求』立木教夫訳、シュプリンガー・フェアラーク東京、一九九二年を参照。

（3）Cf. G. Ryle, *The Concept of Mind*, Penguin Books, London, 2000（坂本百大他訳『心の概念』みすず書房、二〇〇一年）

（4）この点に関して以下を参照。H・C・フォン＝バイヤー『量子が変える情報の宇宙』水谷淳訳、日経BP、二〇〇六年、S・マリン『隠れたがる自然――量子物理学と実在――』佐々木光俊訳、白揚社、二〇〇六年、T. Stonier, *Information and Meaning: A Evolutionary Perspective*, Springer Verlag, London, 1997

（5）この概念に関しては、廣松渉『事的世界観への前哨』ちくま学芸文庫、二〇〇七年、『存在と意味――事的世界観の定礎――』岩波書店、一九八二年を参照。

（6）B・グッドウイン『DNAだけで生命は解けない――「場」の生命論――』中村運訳、シュプリンガー・フェアラーク東京、一九九八年を参照。

（7）Cf. G. Ryle, *op. cit.*

（8）K. R. Popper/J. C. Eccles, *The Self and Its Brain*, Routledge & Kegan Paul, London, 2003, p.19（沢田允茂他訳『自我と脳』二〇ページ以下）

（9）この概念に関しては、品川嘉也『意識と脳――精神と物質の科学哲学――』紀伊國屋書店、一九九〇年を参照。

（10）アリストテレス「カテゴリー論」山本光雄訳（『アリストテレス全集』1、岩波書店、一九七一年）を参照。

（11）カント『純粋理性批判』高峰一愚訳、河出書房、一九六五年を参照。

（12）Cf. A. N. Whitehead, *Process and Reality*, Free Press, New York, 1978（山本誠作訳『過程と実在』（上）松籟社、一九九八年）

第2章　心身問題と情報理論

はじめに

心と身体、精神と物質の関係を問う心身問題の歴史は古い。常に懸案となってきたのは対立項の媒介事項であった。しかし、その候補はなかなか確定されないまま今日に至っている。そこで、片方の極への還元か両極の二元論的分割のどちらか、という二者択一が大方の趨勢を占めている。還元主義は唯物論、つまり身体ないし物質への偏向の形を取ることが多い。そして、この立場は心や精神を重視する二元論と激しく対立している。

もちろん中性的な媒介事項を求める立場は古くからあった。神、自然、生命、感覚、生きられる身体などが媒介項として挙げられた。こうした中性的要素を求める人の中には、心と身体、精神と物質、主観と客観という対立が見かけのものであると主張する者がけっこういる。この観点は重要だが、精緻に問い求めないで曖昧な規定で済ますと、すぐに出発点に逆戻りしてしまう。つまり、論点先取の虚偽になってしまうのである。

心と身体は日常的生活感覚からすればたしかに一体のものとして理解されるが、反省的思考の視角から見るとたんに分離したものとして現れる。我々は、一〇〇メートルを全力疾走しながら心身問題を考えることはない。そのとき意識と行動はほぼ一体となっているからである。しかし、反省的思考は意識と行動が分離した状態のとき生じるので、身体を対象化する主観的心という視点が過度に自覚されるのである。

ところで「一〇〇メートルを全力疾走しているとき」と「後でビデオを見ながら競技中の自分を反省しているとき」に共通するのは、どちらも「経験」だということである。「経験」は、素朴な概念としては反省的思考と重なったものとして理解され、その中核には主観的意識がでんと控えているかのように思い込まれている。しかし、厳密な哲学的規定からすれば「経験」は、無意識的認知によって彩られており、行動から分離されない。ただし、主観的意識も一契機として包含するものなので、反省的思考という形態を取ることもできるのである。

このようなものとしての「経験」について深く考えていくと、主観と客観、精神と物質の対立以前の原初的所与に立ち返ることができる。それは心と自然が一体となった世界であり、そこから極的要素として物と心が分岐してくるのである。ジェームズとホワイトヘッドはそのように考えて、「経験」を万物のアルケーの地位にまで高めた[(1)]。しかし、ラッセルも指摘するように、その姿勢はまだ観念論的思考の最後の残滓を濾せないでいる[(2)]。そこで、「経験」を「情報」と関連させて考え、後者を万物のアルケーと考えたチャルマーズの観点が注目される。

ただし、この観点は全くチャルマーズの独創というわけではない。それは理論物理学者ジョン・A・ウィーラーが主張した“It from Bit.”というテーゼに由来している。このテーゼが意味しているのは、「It すなわち物質世界は、Bit すなわち情報から作られている」ということである。これは世界の究極に01、10、101、010といったデジタル記号を据えることとしてとりあえず理解できるが、実際にはもっと深い。Bit の根底に量子情報（Qubit）を据えるのである。つまり“It from Qubit.”だというわけである[(3)]。情報と物理系の関係については第4章で詳しく論じることにしよう。

情報を物と心の間に据える考え方は、前世紀に物理学者を中心として生まれたものだが、情報と秩序や形相の関係を顧慮すれば、その思想の萌芽は既にアリストテレスの哲学にあったとみなされる。そこで、彼の形相―質料、可能態―現実態といった図式や目的因の考え方を「情報」と関連させて、心身問題の根本的解決策を練るということは、実り豊かな方向に導くように思われる。問題は、物質や物理系にも心的要素があるのか、ということである。これは常識の立場からは愚の骨頂のように思われるが、「心」は定義次第で物理系の「構造」や「機能」と結びつく。そもそも「心」を主観的情感から人間中心主義的に捉える姿勢に掣肘が加えられるべきなのである（これに植物の〈心〉という問いが関わってくる）。

また、心身問題にとっての情報概念の重要性を考えるためには、臨床医学のデータが貴重な資料となる。人間の身体と心の関係は、ある意味で生理的プロセスと情報の関係なのである。そして、人間の有機体内の情報は主観的意識から遺伝子ＤＮＡの塩基の配列までの階層をなして、生理的プロセスと物質的組成に影響を及ぼしている。もちろん逆方向の影響もある。

心身医学や精神医学の根底に存する心身問題は情報理論との対話を必要とし、それらに関する臨床的データは、哲学の理論的考察に貴重な話題を提供する。そして、その理論的考察は、単なる思弁を脱して臨床医学の現場に寄与する。プラグマティズムの立場からすれば、これは大いに賞賛されるべきことである。現実の生活に役立たず隣人の苦痛を取り除かないような講壇哲学（哲学文献学）は、そのうち廃れてしまうであろう。

とりあえず本章では、以上のことを顧慮して、次の順序で考察を進めることにする。

(1)中性的一元論の視点。(2)経験と情報。(3)植物の心という暗礁。(4)形相・構造・機能。(5)臨床医学との対話。(6)物と心の間としての情報。

1　中性的一元論の視点

世界を成り立たせている究極の要素は心的でも物的でもない「何か」である、というのが中性的一元論の主張の骨子である。多くの人は、この主張に対して当惑の念を抱くであろう。なぜなら、現実を捉えるための我々の基本的な概念枠組みは「心的」と「物的」という大きな二分法から成り立っており、そのどちらでもないものを想定することに慣れていないからである。とはいえ、多くの人が、複雑な現実が心と物の二分法で汲み尽くしえないことに薄々気づいていることもまた事実である。ここで概念的把握と現実の創発的性質の間に懸隔があることが看取される。概念と直接的所与はどちらも経験を成り立たせる契機であるが、両者の分離以前の原事態を示唆するような経験の様態に注意することが肝要だと思われる。

たとえば「痛み」は心的かつ物的（身体的）な現象の代表である。我々は、「痛みが心的であるか物的であるかのどちらかであって、中間の状態ではない」とは言わない。「それどころではない」という事情もあるが、痛みの現象的質は「中間」の存在を示唆していることをたしかに感じているから、というのが実情であろう。それを言葉で言い表し、明確に概念化する術を知らないだけなのである。ただし、「中間」を直接表現できなくても、「心と身体の両方に沁み渡る」とか「心的かつ物的」とか言うことはできる。介護や看病の現場で聞かれる言葉のほとんどは、こうした折衷的な表現によって彩られている。

「心的でも物的でもない何か」は同時に「心的でも物的でもある何か」である。このように、とりあえず「何か」というふうに曖昧な規定しかできないのだが、後者、つまり「どちらでもありうる」という規定の方が媒介項を積極的に示唆している。

それでは、日常の経験の中で、その候補と言えるような現象は何であろうか。まず真っ先に思い浮かぶのは痛みに関連した「身体性」である。虫歯の痛み、腰の痛み、膝の痛み、胃の痛み、関節の痛み、胆石の疝痛、手術後の疼痛。読者の多くが体験した、こうした痛みは「自分の身体」そのものの「痛み」であり、それが主観的意識に反映した限り「心的」である、とみなされる。しかしリアルタイムの痛みは、心身分離以前の原初的所与である。つまり、一〇〇メートルを全力疾走しているとき心身問題を考えられないように、現在進行形のアクチュアルな痛みは心身二元論の彼方に超越してあるのだ。たとえば、有島武郎の傑作『或る女』の末尾近く[4]の叙述は象徴的である。

間《ま》を置いてさし込んで来る痛み……鉄の棒を真赤に焼いて、それで下腹の中を所嫌わずえぐり廻すような痛みが来ると、葉子は眼も口も出来るだけ堅く結んで、息気もつけなくなってしまった。何人そこに人がいるのか、それを見廻すだけの気力もなかった。天気なのか嵐なのか、それも分からなかった。稲妻が空を縫って走る時には、それが自分の痛みが形になって現れたように見えた。少し痛みが退《ひ》くとほっと吐息して、助けを求めるようにそこに附いている医員に眼ですがった。痛みさえ治してくれれば殺してもいいという心と、とうとう自分に致命的な傷を負わしたと恨む心とが入り乱れて、旋風のように体中《からだじゅう》を通り抜けた。

——中略——

「痛い痛い痛い……痛い」

葉子が前後を忘れ我を忘れて、魂を搾《しぼ》り出すようにこう呻《うめ》く悲しげな叫び声は、大雨の後の晴れやかな夏の朝の空気をかき乱して、惨《いた》ましく聞こえ続けた。

これは仮想の主人公・葉子の子宮底穿孔の激痛の主観的心性を有島が客観的（間主観的）に表現したものであるが、ここには「痛みの自然」が見事に描かれている。これを読んだ者は、誰も「男性の有島に子宮底穿孔による腹膜炎の痛みは分からない」だとか「他者の痛みの第一人称的主観性を他者が自分の痛みのように表現することはできない」だとか言わないであろう。「痛みの自然」は、自他の区別と心身の分離を超えて、中性的な媒介項を直接指し示しているのである。だから、誰もが有島の叙述に素直に感銘するのである。

こうした現象に直面して得られるのが「生きられる身体」という概念である。これについては、メルロ＝ポンティを代表とする現象学派の分析が有名だが、世界の存在論的核心を突くためには、領域的なものにとどまり、役不足の感は否めない。それに対してラッセル、ジェームズ、ホワイトヘッドらの中性的一元論は、「心と身体」という狭い枠組みを超えて、「心と自然」「精神と物質」「心理と物理」という、より広がりをもった存在論的―宇宙論的視点によって裏打ちされている。彼らは感覚や経験を世界の究極の要素と考えたが、それは還元主義的な主張ではなく、多元論的広がりももっていた。彼らの立場は「多元論的一元論」である。この表現を矛盾とみなす者は、すでに二元論ウイルスによって脳が冒されているのである。現実の世界は、創発的特質に満ちた非線形的複雑系として、絶えず一元が多元へと、多元が一元へと弁証法的に変転する円形パノラマなのである。

それに対して二元論は、経験の直接的所与を主観的心と客観的物へと分離し、両者の接点に目が開けない。つまり、心と物は不断の経験の流れの極的要素であり、相互に依存し合っており、実体として分離しているのではないのだが、二元論は強引に両者の間に柵を設けるのである。これは手段を目的と取り違えるようなものである。

二元論の一方の項に偏向すると唯物論と唯心論という双子の兄弟が生まれる。このうち唯物論は多くの人が偏愛する便法的立場である。唯物論には、存在論的に洗練されたものから素朴な生活感情的世界観に至る多様な相がある。最も素朴な唯物論は、古代の原子論的唯物論を鵜呑みにするような類のものであり、「我々人間も自然的―社会的世界もしょせん物質から成ったものにすぎない」という信念を基本としている。その際「物質」という概念自体は深く考えられていない。つまり、見たこともない原子とか原子核とか素粒子を漠然と基底に据え、巨視的で手で触れることができる「物体」が空間の中にばら撒かれている、というふうな感慨に支配されているのである。こうした思考姿勢は「世の中金次第」という俗悪な生活観と表裏一体のものである。

他方、唯物論に反発する唯心論は、実は「物質」を安易に実体化し、それを梃子にして対極にある「精神」を過度に称揚しているにすぎない。つまり、唯心論は、自らの意に反して、自らの敵たる唯物論と同様に、精神と物質の二元論的把握を思考の前提に無批判に据えてしまっているのである。

真実在へと迫るためにはぜひ唯物論と唯心論の素朴な対立、ならびにその根底に存する二元論的思考法を乗り越えなければならない。中性的一元論は、まさにそれを目指すものであるが、経験や感覚を基底に据える姿勢は、やはり観念論的思考法を脱却できていないように思われる。そうした姿勢では物質や物理的プロセスの本質を十分把握できないであろう。物質に関しては、素朴な原子論的唯物論や機械論的還元主義以外に、創発的マテリアリズムの把握法がある。創発主義では、物質はシステムを形成すると、要素の線形的加算を超えた予知できない性質を生み出す、と考える。そこで肝要なのは、安易に「物質」を超越して中性的要素に還帰しようとせずに、システムを形成する際いかにして物質が創発的性質を発揮するのか、を存在論的に明確化することとなる。しかし、ここではやはり形而上学的実体としての「物質」を出発点に据えるわけにはいかないのだから、「経験」とは違って、物理的プロセスとより親近性のある中性的要素が必要となってくる。そして、その第一の候補が形相的意味合いのある「情報」なのである。

ただし、前述のように、日本語の「情報」は主観的で心的なニュアンスが強く、素人の誤解を招きやすいこともまたたしかである。しかし、我々は情報を物と心の中間に据えようとした先人の意図を汲みつつ、中性的一元論を存在論的に洗練しなければならない。なぜなら、それによって心身問題はより深い次元に突入するからである。

2 経験と情報

「経験」とは普通、「実際に見たり聴いたり触れたりして得た知識」を意味するが、哲学では人間の認識の起源として措定され、知の構成と限界を理解する際の基盤とみなされる。これはジョン・ロック以来のイギリス経験論に特徴的な考え方だが、ジェームズ、デューイ、(ハーバード在職時の)ホワイトヘッドなどのアメリカの哲学者は「経験」にもっと存在論的な深みを与えている。つまり、哲学において「経験」は認識論的に分析されると同時に存在論的にも分析されるのである。

経験を認識論的に分析するというのは、素人にも比較的分かりやすい。なぜなら、経験を遂行するのは対象ではなく主観なのだから、この主観の働き方を分析するという視点は、哲学的認識論よりも素人に親近的な心理学の見方から類推しやすいからである。それに対して、経験を存在論的に分析するという視点は、何か主観を対象化するように感じられ、当惑の元となる。しかし、そのような疑念は無思慮な主観―客観対置図式から生じるものにすぎない。ジェームズらは、そのような対置図式を乗り越えた視点から「経験」というものを存在論的に捉えたのである。彼らの思想は自然的実在論によって裏打ちされており、「主観が対象を眺める」という観点が成立する以前の原初的所与に還帰しようとするものであった。そこで、意識と経験の間の優先順位が入れ替わることになる。つまり、普通の考え方では意識が経験を構成するとみなされるが、ジェームズらは経験が最初にあって事後的に意識が発生すると主張するのである。だから、経験は単なる主観性を超えているのである。

しかし、経験にはやはり主観的相が付随している。そして、この相は感覚経験の主体的統合、つまり「統覚」によって裏打ちされている。たとえば、我々は目の前のご馳走を視覚、嗅覚、味覚の統合態において享受するが、同時に自分がその享受の統覚的主体である、という自覚をもつ。これは、まさしく心身の両面に沁み渡るような感覚経験であり、そのようなものとして生命性に満ち溢れている。ここでは食欲に満ちた「動物的私」と食欲をそそる感覚質に満ちた「ご馳走」の間に共鳴が生起しており、享受の統覚的経験はこの共鳴そのものだと言える。つまり、その経験においては主観と対象の対立が止揚されているのである。「止揚」とは、低次の段階で否定された要素が高次の段階に生かされることを意味する。すなわち、さし当たって看取される経験の主観的相は、主観―客観二元論を超えた生命的経験における統覚の働きとして捉え返されるのである。

ところで、「なぜ人間の感覚経験は統覚の相をもちうるのか」という問いは、「なぜその経験の基体たる脳の神経システムが統合機能をもつのか」という問いと無縁ではないし、さらに進んで「なぜ雪の結晶はあのような整合的形態を取りうるのか」という問いにも結びつく。ここで、心の主観的統合性と物のシステム的整合性の間の共通点に目を開くことが肝要なのは言うまでもない。もちろん「質」にこだわれば両者の懸隔は広がるのみである。しかし「機能」という側面に着目すると、次第に両者の距離は縮まるのである。

経験は、現象論的に質に定位して把握できると同時に、認知科学的に機能的因果連関に着目して分析することもできる。そして情報はこの機能的因果連関と深く関係している。

経験が認知の主観的相と関連し統覚として働くのに対して、情報は認知の主体と対象との共鳴において生起する一種の基体として、主観的相に先立つ存在様式をもっている。つまり情報は、物的ないし事象的対象のシステム的特性と認知主体の脳の神経システム双方に帰属する経験の基体として理解できるのである。ただし、経験のもつ統覚の機能は意識的主観性とともにそれを超えた要素も含んでいる。そこで、経験と情報の関係を認識のカテゴリーと存在のカテゴリーの相補性から把握することが必要となる。

プラトンの善のイデアは認識と存在双方の原理として立てられた。そしてチャルマーズは、情報は外面的相として物理的プロセスをもち内面的相として現象的意識の主観的質をもつと主張した。また彼は経験にリカーシヴな自己意識の主観性を超えた地位を与えている[5]。この姿勢は、先述のアメリカの哲学者たちと共通のものである。彼らの主張を一括すれば、経験は主観的統覚の相とともにそれを超えた現象的性質をもつのだ、ということになる。この「現象的性質」は、前述の「主観と対象の対立が止揚される」ということと関連している。つまり、対象とその現出の場である世界のシステム的特性が認知者の主観的意識を包み込むような形で「己を示す（sich zeigen）＝自ずと現れる」のである。それは、あたかも「世界の情報構造」が認知主体の脳の情報システムを一巡りした後、再び世界というスクリーンに映し出されるようなものである。ここでは世界と主体は一体のものとして理解される。

そして、これこそが経験の自然《ピュシス》というものなのである。

以上のことから、経験のもつ主観的統覚の側面とそれを超えた現象的性質は、情報の二重の相と相即している、とみなすことができる。このような規定は、たしかに「経験」や「情報」のもつ慣用的意味からかけ離れたものであろう。しかし、哲学は常識の思い込みを批判して、事の真相を看取しなければならない。その際、改めて思い出されるべきなのは、情報というものが「形相」や「秩序」や「自己組織性」と深く関係し、知識やメッセージという主観的要素を超えた性質をもっている、ということである。そして面白いことに、この啓蒙的理解が翻って「経験」の根源的把握にも役立つのである。このことはぜひ銘記しておいてもらいたい。

なお、世界観の一類型として「汎心論（panpsychism）」というものがある。これはもちろん唯心論（spiritual-ism）や観念論（idealism）とは違ったものである。後の二者が世界を主観の意識に還元しようする姿勢を基調としているのに対して、前者は「心」を主観的意識から解き放って「物」そのもののシステム的特性に帰属せしめようとしているのである。「すべてのものに心がある」というテーゼは、決して「すべてのものに人間的な主観的心性がある」ということを意味しない。心とは、そのようなせせこましいものではない、と言いたいのである。しかしこの立場は、経験と情報についての深い考察を介さないと、単なる神秘主義に堕落してしまう。それに対して、すべてのものに経験が備わる、と主張する「汎経験論（panexperientialism）」は、経験が情報と相即することが理解されている限り、有効である。(6)

問題は、「心」というものが、「人間中心主義の主観的理解から解き放たれて、物へと延び広がったものとして理解されるのはいかなる契機からか」ということを解明することである。そこで、次にそれについて考えてみよう。

3　植物の心という暗礁

周知のようにアリストテレスは『心について（*Peri Psyches*）』という本の中で「植物の心」について語っている[7]。別に彼は気が狂ったのではない。また、古代人だから神話的表象に取り憑かれていたというわけでもない。彼は極めて合理的な心身論の立場から植物に心（プシュケー）を認めたのである。しかし、現代の多くの人にとって「植物の心」という表現は受け容れがたいものであろう。これは、「心」そのものの根源的理解がいかに難しいかを暗に示している。換言すれば、「植物の心」という表現は、深く物を考えない人にとっての思考の暗礁、躓きの石なのである。それゆえ、我々はその表現をソクラテスばりのイロニーとして使うことができる。言うまでもなく、イロニーは無知の自覚を促し、真実在へと視線を向け変えさせるために使われる。

問題が日本語の「心」の定義にあることは比較的気づかれやすいであろう（英語の mind やドイツ語の Seele をもち出しても話は同じである）。つまり、アリストテレスの言う「植物のプシュケー」は、我々が理解している「心」の慣用的意味からかけ離れたものだ、ということは誰もが真っ先に思い浮かべる安堵の策である。これは、「植物の霊魂」とか「植物の魂」という旧来の訳語の方が、古代の哲学者の思考を表示するのにふさわしい、という考えと直結している。「それだったら、お話で済ませられるから」というのが大方の見方であろう。ところが、そうは問屋が卸さない。厳しいようだが、心身問題の核心と心の奥深き本性を捉えるために、「植物の心」という表現をシリアスに受け取ってほしい。そのためには、この表現への反感が何に由来するのかを、まず見届けなければならない。

実は筆者は、自著『自我と生命[8]』をテキストにした大学の授業で次のような質問に出くわしたことがある。

学生：テキストの九四ページには「プロのカメラマンがよく口にする〈私は自分の心をいつも撮っているのだ〉という言葉は、単なる感慨や比喩として軽視されてはならない。心とは毎年咲く土手の桜であり、意識とは夕日のあのすばらしい色彩なのである」と書いてありますが、これっておかしいんじゃないですか。自分が風景を見て、それから家に帰ったら、風景は自分の意識の外にそのまま残るから、それは客観的な実在として、心じゃないんじゃないですか。心って主観的な内面性なんじゃないですか。プロのカメラマンの言葉は単なるフィーリングですよ。

筆者：それじゃ、その主観的な内面性の表象内容は、どのようなものかな。外の世界を映し出したものに他ならないんじゃない。外と全く無関係の内なんてあるの。

学生：（はっ、とした感じで）……

たしかに、このときこの学生は少し考え直したようだったが、納得がいかないようで、その二カ月後に、今度は同じテキストの中のアリストテレスの「植物の心」という表現にけちをつけてきた。その異論の出し方は、これまた鴨葱《かもねぎ》状態で、同じようなやり取りになって、筆者が楽勝した。ただし、学生が実は自分の根本的無知に少し気づいた上で反抗的意見をしている様子が窺われて印象深かった。

言うまでもなく、筆者はこのようなナイーヴな反論をあらかじめ予想しており、そうした反感を煽るために、わざと素人の誤解を招きやすい文章表現と論の構成をしていたのである。つまり、ソクラテスのイロニーを哲学教育の現場で実際に使ってみたのである。その実験はまずまず成功であった。件の学生は、その他の事柄にも偏見が多く、年間を通して苦労したが、実験台としては有益であった。

日本人に「心とは何か」と尋ねれば、ほとんどの人は、明確な概念規定はできなくても、だいたい「主観的情感を伴った内面性」に類することを述べ、それを客観的実在としての物質に対置するであろう。これは、「自分の心は他人には分からないし、他人の心はその人自身にしか分からない」という感慨と直結しており、ナイーヴな主観性に基づいた心の理解を暗示している。他方、「心と心の触れ合い」という情感的把握もあり、漠然とした自己と他者の融合性への視点もある。しかし、それは厳密に捉えられたものではなく、物質とか客観性との関連を問われると、すぐに二元論的観点に舞い戻ってしまう。

アメリカの哲学者ジェームズは、常識と通俗的哲学は徹頭徹尾二元論的である、と言った。(9) とすれば、アメリカでも日本でも事情はほぼ同じであろう。欧米の伝統的なキリスト教文化は基本的に二元論的であり、霊と肉、精神と物質は対置されて理解される傾向にある。また、日本を含む東洋の仏教文化も基本的に二元論的である。たしかに仏教では、「心と身体を分離して捉えてはならない」とか「心身一如」とか主張されるが、いわゆる機械論的自然観や物質文明や科学主義に対する姿勢はナイーヴな反感に貫かれており、結局は心優位の心身統合の思想となっている。そして、この背景には宗教と科学の対立が控えている。それゆえ、いくら心身一如と言っても、この対立が調停されない限り、心の自然的本性には到達できないのである。

アリストテレスは、哲学者であると同時に科学者でもあり、二元論的思考法は取らなかった。彼の『心について』という本は、心の超自然的性質（いわゆる非物質的精神性）ではなく、その自然的本性を問い求めたものであった。たしかに彼は人間に動物を超えた能動的知性を認めているが、それとても植物や動物のもつ生命的心性の延長上に措定されたものであった。つまり人間の心は、中層や低層ではやはり動物や植物に接したものとして捉えられているのである。

心の自然的本性を捉えるためには、人間にのみ認められる能動的知性や思考能力に着目してばかりいてはだめで、生命性に直結した下部構造にも着目しなければならない。実際、アリストテレスは心の基本的性質を生命（生きていること）の原理とみなし、この観点から栄養摂取能力、感覚能力、欲求能力、場所的に運動する能力、思考能力の五つを心の能力として挙げている。植物は、このうち「栄養摂取能力」だけをもっている。だからアリストテレスは植物にも心（プシュケー）を認めるのである。[10] しかし、一般には栄養摂取能力は心の本性を構成する要素とはみなされていない。なぜなら、それは意識性と能動的な行為性を全く欠いたものなので、心とは無縁のものと思われるからである。それでは、生命との関係はどうであろうか。栄養摂取能力と生命は直結したものであり、誰もその関係性に異論は唱えないであろう。つまり「植物の生命」なら話はすんなり通るのである。

以上のことを考慮すると、心と生命の関係は意外と軽視されていることが分かる。よく「心とはいのちのこと」とか言われるが、しょせん主観的情感からする人間中心的な理解にとどまっており、物質的次元や植物との連続性は全く顧慮されていない。これは「植物の生命」をそのまま「植物の心」に置き換えてみる思考の枠組みが欠如しているためである。この怠慢を打破するカンフル剤として「植物状態の患者の心」について考えてみることが推奨される。植物状態の患者は、脳幹部の植物神経系（自律神経系）中枢の機能によって、意識を欠いたまま自発呼吸と消化と排泄の能力を保っている。この患者に心を認めない悪徳医師（「ベジの捨て方教えます」と言って憚らない医師）についてどう考えるかも参考となるであろう。とにかく、この例は人間の心と植物的生命の連続性に目を開かせてくれる。「植物の心」と「植物状態の患者の心」は単なる語呂合わせではない。この対比は心と生命の相即性を示唆しているのである。

心と言語は深く関係したものとして一般に理解されている。それゆえ、言葉によって自分の意識状態を表現できない者には心を認めない、という見方が大方の趨勢となっている。そして、この姿勢は無反省に温存されたもので、決して生命的深みがない。ところが困ったことに、一般には言語的心が深い精神性をもつものとして物質性に対置されている。そして、この傾向が、いわゆる近代的自我の発見と供託して意識中心主義の心の理解を生み出すのである。その結果、心とは常に「私の意識」を中心として理解され、言葉を欠くものは植物や動物はもちろん人間であっても軽視されることになる。

植物状態の患者はさておいて、知的障害者や精神障害者でも明確に言語で自分の内面を表現できない者は人間性を低く見積もられやすい。この傾向が度を増すと、優生思想になったりする。このような差別や迫害が心の本質に届いたものと言えるであろうか。エゴイズムの跳梁以外の何物でもなかろう。「私は人間であり、私であるという意識をもっている。それゆえ心を備えている」などという理解は、極めて底が浅いもので、生命性の深みには決して達しないのである。

言語的内省を伴った主観的心性は、確認できるものと責任が負えるものを自己の内面に限定して、他者の心を本来知りえないものとみなす。これは無責任なものではなくて、見識の浅さを示しているのである。言語も内省も本来、純粋に自己の内面から生まれたものではなく、他者との社会的コミュニケーションから事後的に出来上がったものなのである。ところが、無反省な思考姿勢はすぐに、自己の確認能力を出発点に繰り上げてしまう。これは時間系列上の繰上げではなくて、自己の確認能力の生命的道具性の巧緻による優劣評価である。つまり、我々は自己の生命を維持するためには自分の内的状態をモニターしなければならず、その際外界や他者の心性に依拠できないので、自分の統覚的確認能力を中心に繰り上げなければならないのである。その「繰上げ」は、時間的なものでなく権利要求的なものである。アリストテレスの言う「植物の心」という一見矛盾に思える表現は、こうした主観主義的心観を打ち破り、心と自然ないし心と無意識的生命の連続性を理解するために、今日においてなお有効なイロニーであると言える。

なお、物事の本質は言語によっては十分捉えることはできない。それは言語を超えた形相によって初めて十全に把握できるのである。そして心は、この形相を介して情報と深く結びついている。ここから翻って、情報というものを言語的主観性（知識、メッセージ）から解き放って、事物と世界の自己組織性の原理として理解する視点が生まれるのである。

4　形相・構造・機能

古代の原子論的唯物論は、世界が充実体としての「原子」とそれを取り巻く「空虚」から成っていると主張したが、この世界観は現代にも波及しており、多くの人々の暗黙の了解事項ないし反省されざる思考前提となっている。つまり「世の中とどのつまりは物質だ」というわけである。しかし「物質」の概念それ自体は深く捉えられてはおらず、微小の粒のようなものの複合体としての「物体」とそれを取り巻く空間がある、というふうな漠然とした前提に囚われている。

こうした素朴な唯物論的世界観は小学生から熟年の学者（物理学者を除く）にまで波及している。彼らの多くが、質量をもった物体こそ「存在するもの」の名に価すると思い込んでいる。もちろん彼らのほとんどは存在論のきめ細かい議論に精通していない。しかし強引に自らのフォークオントロジー（素人存在論）を押し通すのである。そうした彼らの思考姿勢は、次のような主張に図らずも表れる。

(1)　人間は、死ねば、その身体を構成する元素も崩壊するから、無に帰する。だから、意識や心というものは、本当は存在するものの名には価しない。

(2)　水（H_2O）はそれを構成する水素原子と酸素原子が単独ではもちえない創発的性質をもつ、と言われるが、それは質量保存の法則に反すると思う。

(3) 心や意識には重さも形もない。だからそれは存在しない。

(4) 情報が物質的世界の存在根拠だなんて、とんでもない考え方だ。

以上に挙げた例は比較的唯物論色の濃いものであるが、こうした主張はその裏に二元論的世界観を温存していることがけっこう多い。まず(1)の主張は、すぐに霊魂の不滅や輪廻転生の思想に反転する。なぜなら(1)は身体と心を結局は独立の実体として捉えているからである。そして、それが心の存在を否定する姿勢の背後には、心を物質とは違う存在領域に隠しておこうとする意図が控えている。つまり、心は物質の反対の極としてマイナスの存在、つまり無の地位をあてがわれるのである。古代のアリストテレスは、既にこの思考姿勢の根本的誤りに気づいていた。彼は心を身体の形相として捉え、両者を実体として分離する姿勢を断固拒否した。彼にとって心は実体ではなく、身体の自己組織化の統率原理であり、そうしたものとして生命と深く関係していたのである。[11] こうした考え方は、二元論を否定する心身統合論として、今日まで脈々と受け継がれている。しかし、これは一見分かりやすいようで、実は把握しがたい考え方である。そこで多くの人が(1)のような思考法にはまってしまうのである。つまり、物質としての身体はプラスの実体であり、心ないし精神はマイナスの実体である、というわけだ。

次に(2)について。水（H_2O）はたしかに二個の水素原子と一個の酸素原子の結合からなっている。そして水素原子と酸素原子には質量がある。しかし、水（H_2O）の本質がそれらの質量の和だという考え方はあまりに浅い。水素にも酸素にも質量以外の性質があるし、水分子になると原子同士の結合から生じる関係的要素も加わる。つまり、相互作用から創発的性質が生まれるのである。さらに水分子は、自然界では教科書的な単独的様態では存在せず、化学的環境要因に晒されつつ他の分子と相互作用する。また、水を感じる人間の感覚的要素が加わると、いっそう複雑度が増す。世界は、このように様々な構成要素が常に相互作用しつつ関係の輪を広げてゆく複雑系である。そうした世界の中には、教科書に載っているような単独の理想的水分子といったものは、現実には存在しない。それは夢にすぎない。ところが、多様なクオリアを伴った現実の「水」とH_2Oの間の創発関係の話をもち出されると、(2)のようなナイーヴな反論をしてしまうのである。

ここで問題なのは物理学的理解の細部ではなく、何よりもまず「質量をもった物体」に存在性を認めようとするナイーヴな存在理解の視点である。この視点からは、物理的システムのもつ構造や機能というものが抜け落ちている。「何かが存在する」ということは、「それが質量をもった物体である」ということには尽きない。何かが存在するということは、それが構造と機能をもったシステムである、ということから切り離せないのである。より詳しく言うと、それが自らのシステムの内部でどのような構造と機能をもっているか、そして他のシステムとの関係性の中でそれらの特性がいかに発揮されるか、ということから切り離して理解できないのである。存在とは関係性でもあるのだ。

次に(3)について。心や意識には、たしかに机やパソコンや自転車に備わっているような質量と形態がない。また、そのようなことを思念する「私」の身体と脳には質量と形態があるが、心や意識は一般に物質的身体と同一の存在次元に属すものとはみなされていない。とすると、「私の意識は私の身体とは別次元のものである」と声帯と口を使って語っている「私」は一体何者なのだろうか。ここには物質的私と非物質的私の分離と共存があるのだろうか。このように問われると、何か物質の奥行きのようなものがかすかに見えてくる。もともと「物質」というのは虚構の概念なので、それに依拠すると複雑系としての現実が単純化され、その本質から逸脱してしまう。心や意識は、物質的身体とは別の実体ではなく、生きている自己組織化的身体の内的モニター機能なのである。

「生きている自己組織化的身体」は、それを外部から生理学や解剖学の方法を介して観察すれば、いわゆる物質的身体として把握される。内的モニター機能としての心や意識は、この物質的身体を超越したどこかに在るのではなく、その奥行きを形成しているのである。ここで肝要なのは、まず視線を「物質」対「非物質的なもの」という対置図式から物質の奥行き、つまり物質的システムの構造と機能に眼を移すことである。しかし、それではまだ足りない。構造と機能だけでは、心と意識の本性には届かない。その本性に到達するためには形相というものを顧慮しなければならないのである。

また人間をはじめとする生物の身体は生理的情報処理活動によって賦活されている。その中核をなすのは、言うまでもなく神経系である。そして、神経系の進化は中枢神経系、つまり脳の機能を強化し、内的モニター機能を最高度に高めるのである。しかも、こうした進化は有機体と環境との相互作用を基盤としている。心や意識は、有機体が環境の中で他の有機体と共に生きていくという「目的」に関連した、創発的モニター機能なのであり、その中枢は脳である。

ここまで言ってもまだ「心や意識は存在しない」という考え方を改めないであろうか。心や意識は物在するのではなくて事在ないしシステム在しているのである。その人格的ないし実存的切実性を除けば、その存在性格は前に挙げた東京都やケンブリッジ大学と変わらない。東京都もケンブリッジ大学も質量と形態をもった物体ではない。もちろん強引にその質量と外延をそれらに押しつけることはできるが、それではそれらの本質から逸脱してしまうことは前述の通りである。それらはまた情報によってその自己組織化が促されるシステムでもある。この点でも心や意識と類似の性格をもっている。人格的切実性も社会的情報システムの内部で生じる個人の意識特性なので、それを何か超自然的なものと考える必要は全くないのである。むしろ、それは生命個体が社会的環境の中で自己保全するための道具と考えた方がよい。

とにかく、心や意識に存在性を認めない人はとりあえず、「東京都は存在しないであろうか」と自らに問いかけてみればよい。そうすれば、自分がいかに奇妙な観点から物を見ていたかが分かるであろう。

最後に(4)について。本節でも触れたように「物質」とは虚構の概念である。しかし、それを使わないと我々の認知生活が成り立たないこともまたたしかである。とすれば、物質とは実は真実在ではなく「経験の契機」なのである。このことを理解すれば、物質と情報の接点が見えてくる。

経験とは物質的契機と心的契機を包摂するものであり、単なる意識的主観性を超えている。そして、経験の契機としての物質は、心的契機を自らのうちに反映している。つまり、それは構造と機能をもっているのである。「質量をもった物体」という最も素朴な物質観は、構造と機能を捨象したものであり、物質的システムが情報によって自己組織化が促されることを度外視している。この自己組織化を促す情報というものは、メッセージや知識という心的契機に偏向した観点から理解されてはならない。もちろん、そうした心的契機としての情報によって複合的な物質システムの構造や機能が変化を被ることはあるが、より奥深い存在の根拠としての「情報」というものを考えなければならないのである。これは「形相付与的物理因子」という形を取ることもあれば「励起媒質」として働くこともある。つまり、アリストテレスの言う形相因や目的因に類似の性質をもっているのである。

近代科学はアリストテレスの形相因や目的因を排除することによって合理的な自然把握を達成した、とよく言われるが、ホワイトヘッドに触発された最近の物理思想は形相因と目的因を自然理解に再び取り入れ、機械論的自然観を超えた有機体的自然観を推進している[12]。物質的世界の存在根拠としての情報は、こうした観点から理解されるべきである。ところが、日本語の「情報」は経験の心的契機に偏りすぎており、物的契機から切り離されて理解されている。だから「情報が物質的世界の存在根拠だなんて、とんでもない考え方だ」という意見が蔓延《はびこ》るのである。

それでは、心的契機に偏向した観点を物心統合的な情報理解に向け変えるためには何が要求されるであろうか。それは、知識や心的システムにも物質的システムのもつ構造と機能に類似のものがあることを主観的情報概念の信奉者に理解してもらうことである。これには存在のカテゴリーと認識のカテゴリーの重複性も関わってくる。また、素朴な主観―客観対置図式も乗り越えられなければならない。こうして情報は物心未分、主客未分の形相付与因子、自己組織化の励起媒質として理解されるようになる。

多くの人は、意識的認知機能をもった製作者ないし設計者の介在するシステムや建造物には情報が賦活する構造や機能を明確に認めるが、自然界に見出される整合的形態や秩序には情報の関与を認めない。そして物質を無機的な機械として理解しようとする。しかし、実際には自然界の物理的事象には自己組織化のダイナミクスと非線形的創発性があり、機械論的因果律で括ることはできない。そして意識的製作者の介在しない「秩序」がそれに備わっている。代表的なのは、前述の雪の結晶とかミツバチの巣の形態であるが、我々人間の内部でも自らの意識の届かないところで自己組織化的な秩序の形成がなされている。その中核を担うのは遺伝子の物質的本体たるＤＮＡである。人体に約六〇兆個ある細胞の核内のＤＮＡは、遺伝情報を蓄えており、それを形質発現させることによって人体の生理的システムに秩序を付与している。この働きは、内省的意識を使ってなされるものではなく、自動的なものである。しかし、それは生命の奥深い自己組織能によって営まれているという点では、意識とは別の「能動性」をもったものということができる。免疫細胞は、細菌やウイルスを非自己と判断して破壊してしまうがゆえに「自己性」をもっている、ということもこれと関係している。どちらも主観的意識を重視する人には比喩として一蹴されることが多い。しかし我々はそれを単なる比喩として片付けることはできないと思う。生理的システムや物理的プロセスには非意識的な自己組織能があり、それはたしかに情報によって賦活されているのである。とはいえ、その場合の「情報」は、「明確な意識的発話を介した人間的コミュニケーション」をモデルにして理解することはできない。むしろ、それは構造や機能という物的契機のもつ「形相」と関係しているのである。

このように考えれば、情報は心的契機と物的契機の双方に帰属する構造と機能を介して形相と深く関係しているということが、より明確に理解できるであろう。そして、ここから「情報は物質的世界の存在根拠だ」というテーゼの真意に目が開かれるであろう。

5　臨床医学との対話

情報が単なる主観的概念にとどまるものではなく、物質的システムの形相付与因子にして自己組織化の励起媒質であることを理解するためには、臨床医学の一分野たる心身医学と対話することが有益である。

周知のように心身医学は心身症の成因と治療法を研究している。心身症とは、身体症状の明確な器質的原因が見出せず、その症状発現に心理的ストレスが関与している機能的疾患を指す。代表的なのは、神経性胃炎、過敏性腸症候群、心因性喘息、心因性皮膚炎などであるが、癌などの重篤な疾患も心身症とみなされることがある。こうした病について考える場合、心理的ストレスが身体の物質的組成にいかにして実質的変化をもたらすのか、ということがまず問題となる。心と物質的身体を別個の実体とみなす二元論の観点からするなら、「心因」ということが心から身体への指令のように受け取られ、心と身体病理の関係が距離を保った相互作用として理解される。この傾向は、実体二元論に代表されるあらゆる二元論的思考が、「心」というものを意識中心主義的に捉え、身体の生理的プロセスとの連続性を顧慮していないことに由来する。ちなみに、こうした考え方は、二元論の立場を取る学者のみならず、心身問題について深く考えたことのない一般人にも広く流布している。だから、多くの人が心身症を甘く考えて、それを「気のせい」とか「気のもちようで治る」と言うのである。その際、周知の「病は気から」という警句が深い熟慮を欠いたままに、軽く受け容れられる。そこで、心身医学の臨床行為は外科のような物理的実証性に乏しい「気休め」ないし「癒し」のように受け取られ、ひどい場合にはインチキとみなされる。

しかし実情は違う。心身医学で言う「心因」とは基本的に無意識的な情動を意味し、身体の生理的プロセスと連続性をもったものを指す。これにフロイトの精神分析学的心身相関論が関与していることは識者にとっては周知のことであるが、多くの人の見方は心因を身体の生理的プロセスから切り離したものとなっている。この見方を啓蒙するためには、まず器質的病変と機能的病変の区別を理解し、それに心因の無意識的で半ば身体的ないし生理的な性質を加味し、そこから心身症における心身一体性を抉り出さなければならない。そして、ここに「情報」の働きが関わってくるのである。

器質的病変とは、身体の一部の物質的組織の実質的病変であり、そのほとんどは肉眼的に確認される。胃粘膜の炎症から胃壁の穿孔に及ぶ病変、皮膚の炎症、骨折といったものがその代表例である。それに対して機能的病変とは、血圧の上昇、不整脈、呼吸障害、尿酸値や血糖値の変化などとして現れる生理的機能のアンバランスな状態を指し、それらは直接身体組織の定量的変化として表れない。ただし、この機能的病変は持続すると器質的病変に移行する。また機能的病変の背後には体質が関わっており、器質性と無関係のものでもない。つまり器質的病変と機能的病変は相補的現象なのである。

多くの人は、この区別と相補性を知らずに、心身症をナイーヴな観点から眺めている。そして、このナイーヴな観点を打破するのが心身両面にまたがる「情報」の理解なのである。それは一体どういうことであろうか。

我々の身体は約六〇兆個の細胞からなるが、その核の中には遺伝子が格納されている。実体はＤＮＡ（デオキシリボ核酸）であり、それは四つの塩基が文字列のような螺旋形をなしている高分子である。つまり、遺伝子は分子言語としての生命情報なのである。とすれば、人体は単なる物質ではなく、情報によって形成された生理的システムとみなされるはずである。もっと率直に言えば、人体は情報が形となって表れた物質的システムなのである。これをアリストテレス風に表現すると、ＤＮＡという形相が人体の質料的システムに秩序を付与している、ということになる。つまり、我々の身体の物質的組成も生理的機能もすべてこうした形相的「情報」

の多面的現れなのである。言うまでもなく、それは精神現象にまで及ぶ。

我々の身体は個々の臓器や組織の単なる複合体ではなく、様々の情報伝達経路によって賦活される生理的システムである。自律神経系、免疫系、内分泌系、神経ペプチド系といった伝達経路は、種々の伝達物質を介した情報システムとして身体の生理的活動を自動的に制御している。こうした情報伝達は、すべて生命体の状態依存的な情報のコード化を使ってなされており、ここに心との接点がある(13)。

状態依存性とは、生命体の内的状態ならびに環境への関与が情報伝達の様態を左右することを意味する。たとえば、ウイルスが侵入したときとか酩酊したときとか心理的に興奮したときとか高熱を発したときとかの生命体の内的状態は、前述の情報伝達経路におけるコード化を大きく左右する。また、気温や天候や災害といった自然環境の変化、ならびに対人関係や生活上の事件といった社会的環境要因も生命個体の生理的情報伝達のコード化様態に影響を及ぼす。これらの多くは、生命体の意識に反映し、煩悶と精神的苦痛をもたらす。これは、身体と直結した無意識的情動という下部構造から自覚的意識に上ってくるものであり、自覚的意識が上から自由に指令できるようなものではない。ところが、一般には情報は自覚的意識によるコミュニケーションをモデルとして理解されているので、生命体が心身両面において情報から構成されている、という見解に多くの人が反感を覚えるのである。つまり「情報とは私が意識的に発し、自覚的に受け止めるものであり、それが物質の根底に存し生理的システムに秩序を付与するものだ、などという客観主義的見解は信じがたい」というわけである。その意見も形相的情報の脳内発現を基礎にしているにもかかわらず。

ここで改めてアリストテレスの言う「植物の心」に留意したい。心の最下層は意識と運動と思考能力を全く欠いた、栄養摂取能力のみの植物的心である。この心理解が、生命体の秩序形成に関与する形相的原理としての前述の情報概念に直結することは言うまでもなかろう。高度の心的機能としての能動的知性（自覚的意識）にばかり着目していては生命システムの二側面としての心と身体の一体性は理解できない。ましてや心と客観的情報の関係には眼を開けないであろう。

身体疾患の心因性は、精神神経免疫学や臨床的心身相関論の進歩によってその実態が着実に解明されつつあるが、心因を自覚的意識の観点から捉えていては、その意味を理解できない。たとえば「悩み事で落ち込んで病気になったから、気のもちようで治る」というような理解は浅すぎる。なぜなら「悩み事で落ち込んだ」という把握は、自覚的意識の反省による主観的なものであり、身体的―行動的世界内存在、つまり外面的生活要素を顧慮していないからである。多くの人が心を内面的意識中心に捉えており、それが飲食、喫煙、睡眠、ギャンブル、喧嘩、就職、結婚、借金などの生活的行動要素へと脱自的に延び広がったものであることを理解していない。それゆえ「心因」ということも内面的葛藤や苦悩として捉え、それが行動的―生活的要因と連係していることに眼を開けないでいる。しかも、生活行動上の障害には遺伝的要因が関与している。たとえばアルコール依存症においてそれは顕著であり、この依存症を内面性に定位した心因概念から捉えることはとうていできない。

ここでも生命体のもつ形相的情報という概念は重要な役割を果たす。そして、その概念を彫琢することは、人間の心身相関の理解はもとより心身症や重篤な身体病の治療法の開発にも寄与するであろう。さらに、それを超えて宇宙論的存在論の次元で精神と物質の対立を調停することにもつながる潜勢力を秘めている、と言っても過言ではない。とにかく、自らの健康の維持のためにも、情報と心身関係について考えてみることは有益なのである。

6　物と心の間としての情報

実在界を物と心という大きな二つの存在領域に分けて理解する姿勢は、古来多くの人によって偏愛されてきたものである。とにかく知覚や思考の対象を「物的なもの」か「心的なもの」のどちらかに分類しなければ気が済まないのである。もちろん、複雑な現実がそれで割り切れないことに薄々気づいてはいるのだが、つい割り切る方向に走ってしまうのである。しかし、中性的一元論という思想があるように、物と心の分離以前の真実在を問い求める立場も古来存在した。そして中性的真実在として感覚とか経験が挙げられたが、これまで論じてきたように「情報」がそれらに代わる有力候補なのはたしかである。なぜなら情報は、主観的存在領域に属す「知識」と客観的存在領域に属す「物質の構造」双方の組織化の原理として働くからである。

認識論における主観―客観対置図式は「物の見方」とか「事象の知り方」を整理して理解する際に用いられるものであり、「実在は実際にはどうなっているのか」という存在論的問いに直接適用できない。しかし、我々の素朴な思考姿勢は、認識論的観点をそのまま存在論的問いに応用してしまう。そこで、本来存在論的であるはずの「物」とか「心」という概念ないし事象が、認識論的視点から「客観的なもの」と「主観的なもの」に置き換えられてしまう。つまり、物は客観的事象で心は主観的現象だというわけである。

認識論的視点はたしかに必要だが、物や心の本性は主観や客観という概念では十分捉えることはできない。それらは、議論を整合的にするための道具、つまり構成概念にすぎないのである。換言すれば、それらは実在するものではなく、実在を把握するための思考の整理役なのである。

心身問題は古来心と物（身体）の関係を問い求めてきたが、排中律を介した思考に災いされて、なかなかアポリアから抜け出すことができなかった。つまり両項の中間項ないし媒介項を見出すことができなかったのである。いくつかの候補はたしかにあったが、どれも説得力の欠けるものであった。そうした中でシステムの組織化の原理としての形相的「情報」が際立った意味をもつことは疑いえない。

心身問題は、本来「実在は実際にはどうなっているのか」という存在論の思考圏内に属するものであり、心身関係を理解し解明する個々の方法が妥当かどうかに関する認識論的議論の彼方にある。もちろん方法論の彫琢のためには認識論的議論は必要だが、最終的決着を下すのは存在論的議論である。

一般に「心」は客観的実在というよりもそれを認識する「様式」のように受け取られている。この理解はそのまま「情報」にも適用され、それは主観的存在の領域に心とともに葬り去られる。しかし、情報は心とともに「機械の中の幽霊」ではない。そもそも人間の身体も自然界の物理的プロセスも単なる機械ではないのである。それらは自己組織能をもつ生けるシステムである。このことが分からないので、心と物の二元論的対置が蔓延《はびこ》り、両者の中間項に目が開かけない。心と物は、一つの根源的実在の異なった二つの側面ないし説明様式なのである。

情報概念の重要性を心身問題（心脳問題）の論上で初めて明確に主張したのはチャルマーズであるが、それに類することは既に物理学の側から提案されていた。ここで物理学と存在論（形而上学）の接点が現れる。周知のように両者は古代においては一体であった。万物のアルケーを問い求めるイオニアの自然哲学がアリストテレスの第一哲学（metaphysica ＝続・自然学）に結実する経路はそれを如実に示している。またアリストテレスは一元論的心身関係論を信奉しており、それを生命の思想で統制していた。そして、繰り返し述べてきたように、情報は彼の言う形相と深く関係している。

デカルトによる近代的自我の発見は、心を内面的主観性の領域に押し込み、それを自然から切り離してしまった。そこで物質や物理的システムは全く心的要素を欠いた機械として理解され、心との間に断絶が生じた。この傾向が情報をも心的存在領域に押し込み、それを単なる知識に貶めてしまった。しかし形相的情報は本来、束の間の主観的ファイルのようなものではなく、物質の自己組織化の原理として働き、生命を含む存在の階層を発現せしめることを本然とする。つまり、物質に内在する情報が自己展開して、物質・生命・心という三階層を発現せしめるのである。これらの間には飛躍はあっても断絶はない。すべて形相的情報によって統制されているのである。

アリストテレスは植物・動物・人間という生物の三階層すべてに心を認めた。またチャルマーズは、岩やサーモスタットにも人間的意識経験の原初的現象特性（proto-phenomenal property）を認め、さらにはこの宇宙全体が一つの巨大な認知システムである可能性を示唆している[14]。他方、ブルーノように「物質そのものが心を含んでいる」と主張する思想家もいる[15]。こうした思想は単なる神話的アニミズムではない。その証拠に、二〇世紀に哲学、物理思想、システム論それぞれの領域で、それは洗練された形で復興した。

ところで、直前に挙げた物質・生命・心という三階層は様々の分野でよく言及されるものだが、この階層の中間に「生命」というものが置かれることにはぜひ留意したい。古来、心身二元論や主客二元論を乗り越えようとする思想家の多くが、この「生命」というものに着目してきた。なぜなら、それは媒介機能をもっているからである。そこで、同じような機能をもつ「情報」との関係が興味を引く。

心身問題は実は生命論と深く関係している。物と心の間に情報を据える思考がより具体的な色彩を帯びるためには、生命論と対話する必要がある。そこで、次に情報と生命の関係について考えてみることにしよう。

注

（1） Cf. W. James, *Essays in Radical Empiricism*, Dover, New York, 2003（伊藤邦武訳『純粋経験の哲学』岩波文庫、二〇〇四年）. A. N. Whitehead, *Process and Reality*, The Free Press, New York, 1978（山本誠作訳『過程と実在』（上・下）松籟社、一九九八年）

（2） Cf. B. Russell, *The Analysis of Mind*, IndyPublish, McLean（竹尾治一郎訳『心の分析』勁草書房、二〇〇四年）

（3） H・C・フォン＝バイヤー『量子が変える情報の宇宙』水谷淳訳、日経BP、二〇〇六年を参照。

（4） 有島武郎『或る女』新潮文庫、二〇〇七年、五五二ページ以下

（5） Cf. D. J. Chalmers, *The Conscious Mind: In Search of a Fundamental Theory*, Oxford University Press, 1996（林一訳『意識する心』白揚社、二〇〇一年）

（6）Cf. C. de Quincey, *Radical Nature: Rediscovering the Soul of Matter*, Invisible Cities Press, Montpelier, 2002

（7）アリストテレス『心とは何か』桑子敏雄訳、講談社学術文庫、二〇〇五年を参照。

（8）拙著『自我と生命』萌書房、二〇〇七年

（9）Cf. W. James, *op. cit.*

（10）アリストテレス、前掲書を参照。

（11）アリストテレス、前掲書を参照。

（12）たとえば、I・プリゴジン／I・スタンジェール『混沌からの秩序』伏見康治他訳、みすず書房、一九九三年、D・ボーム『全体性と内蔵秩序』井上忠他訳、青土社、一九九六年などを参照。

（13）E・L・ロッシ『精神生物学』伊藤はるみ訳、日本教文社、一九九九年を参照。

（14）Cf. D. J. Chalmers, *op. cit.*

（15）Cf. C. de Quincey, *op. cit.*

第3章　情報と生命

はじめに

人間の身体を構成している細胞群は、部分的には数週間で入れ替わり、全体として見れば数年でほとんどが入れ替わってしまう。つまり、人間を単なる物質として見れば、それを構成する原子ないし分子は数年でほとんど入れ替わってしまうのである。しかし、各人がよく知っているように、自分は相変わらず自分のままである。たしかに、太ったりやせたりすることはあるし、事故で片腕を失ったり手術で胃を摘出されたりすることはあるが、全体としての身体の自己同一性は保たれている。これは単なる意識の自己同一性ではない。問題は「単なる物質」という粗野な概念にあるのだ。

自然界には無数の物質的構成物がある。そして、その組成は複雑度において階層づけられる。生物の物質的組成は複雑度が高く、人間においてそれは極まる。それでは「組成の複雑度」とは何を意味するのだろうか。それが分かれば「単なる物質」という概念の浅さが理解でき、物理的生命体の自然的本性に眼が開かれるであろう。

「単なる物質」という概念は、物体が原子の「寄せ集め」であるという素朴な信念に由来する紛い物である。石や木材のような単純物体も原子の単なる集合体ではない。それらには原子の結合の様式が生み出す物質組成のパターンと構造的システムがある。そして、こうした契機が石なり机なりの自己同一性、つまり「本質」を形成するのである。これがアリストテレスの言う「形相」に当たり、ひいては「情報」というものに結びつくことについては既に触れた。

我々は、物体を見たら、それを少なくとも「物質系」として捉えなければならない。このことは石や材木のような単純な物体から、高度の組成をもった生命体にまで当てはまる。そして物質系としての人間の本質（それがそれであるゆえんのもの）は、「空虚の中にばら撒かれた原子」によってではなく、「それらの原子の結合と配置を生み出す自己組織化の原理」としての「形相」、つまりinformationによって形成されているのである。

実際、これまで何度も触れたように、人体の物質的組成に秩序を付与しているのは、細胞の核内にあるＤＮＡに書き込まれている生命情報（遺伝暗号）である。これが四つの塩基の配列という分子言語の形態を取っており、それがメッセンジャーＲＮＡによって転写され、最終的にはタンパク質のアミノ酸配列に翻訳されるである。それは巨視的には、我々の目が二つであり、指が各五本であり、胃と心臓がこの位置にあり……といったこととして現れる。ただし生命の奥深いシステム形成の働きは、ＤＮＡだけでは成り立たない。そこには「生命場」というようなものが深く関与してくるのである。

ここから、人間の本質を考える際には、物質と精神という安易な対置図式を脱して、それらの中間に形相的「情報」を置いて、素朴な唯物論的思考を乗り越えることが肝要だと言える。それが同時に二元論の克服につながることは言うまでもなかろう。

人間であれ動物であれ植物であれ「生きている」ということは「形相的情報によって自己組織化が促されている」ということである。そして、この理解は生物学的生命体以外の現象にも比喩的に適用される。たとえば、「人間の社会というものは生きているのだ」とか「この地球は生きている」とか「……はまるで生き物のようだ」といった周知の言い回しにそれは表れている。ところで、これらの発言は単なる「比喩」なのだろうか。それとも、より深い世界の根本構造を示唆するものなのだろうか。核内にＤＮＡを格納する細胞をもった生物学的生命体のみが正当に「生きている」と言われるべきなのであり、それ以外に適用された「生きている」という表現はすべて信憑性をもたないのだろうか。

そのように考えたがるのは質料因に囚われているからであり、形相因や目的因も顧慮すれば、情報によって自己組織化が促されるシステムは、生物も社会も物理的プロセスも、すべて生命性をもったものと正当に言えるのである。むしろ生物学的生命の本質をより深く理解するためにも、生物以外のシステムの生命性というものをシリアスに受け取った方がよいように思われる。そして、これによって「情報と生命」という問題意識が先鋭化されるのである。

こうしたことに関しては既に多くの学者が論及しているが、ここでは存在論的関心を込めて、その問題設定を新たに練り直してみよう。考察は以下の順序でなされる。(1)生命と物質。(2)生命システムの自己組織性。(3)生命の意味。(4)生命と心。(5)意味・形相・情報。(6)情報と生命。

1　生命と物質

心とか精神は物質に還元されない、とよく言われるが、生命に関してはそれほど神経質には取り扱われない。しかし、生命ないし生命的現象が単純に物質に還元されることには多くの人が反感を覚えることもまたたしかである。すると、生命は心よりは物質よりであり、かつ物質に還元されない独自の性質をもつ、ということになる。これは、生命が古くから物質と心を媒介する中間項として理解されてきたことと関係している。「中間項」とは実はファジーな概念であり、グレーゾーンを指す。そこでそれは、消極的には「どちらでもない」ということを意味する。しかし、それにとどまるわけではない。積極的には対立項双方の性質を統合する機能をもっているのである。そこで、世界の奥深い構造を形成する真実在は精神でも物質でもない「生命」だ、ということが古来多くの思想家によって主張されてきたのである。

ただし、今日の生命観の主流をなしているのは、分子生物学によって主導される還元主義的ないし唯物論的生命理解である。これは生命のメカニカルな側面に定位したもので、科学的に客観化して実証しやすい要素に着目して得られたものである。具体的には、遺伝子の本体が細胞核内の染色体を構成するＤＮＡ二重螺旋の高分子であり、それが遺伝情報の伝達と複製、ならびに生命体の生理的システムの自動制御を請け負っていることとして示される。つまり、生物全般は基本的に遺伝子の乗り物であり、人間も例外ではない、というわけである。この主張は、左派的に先鋭化すると、遺伝子決定論に基づいた人間機械論となり、唯物論的生命観を極限まで推し進めるものとなる。しかし、こうした主張は、繰り返すが、質料因に囚われた結果にすぎない。それゆえ形相因と目的因は無視されている。それも当然である。機械的還元主義は形相因と目的因の排除に基づいたものだからである。

しかし、ここですぐに目的論的生命観に視線を向け変えずに、生命体内部の物質的組成の「奥行き」を再考することが肝要である。まず、ＤＮＡの働きには限界があり、それだけで生命現象が成り立つとはとうてい言えない。分子生物学におけるヒトゲノム解析プロジェクトは、塩基の配列によって示される人間の遺伝子の構造がチンパンジーとわずか二％しか違わず、ショウジョウバエや大腸菌と比べても驚くような差異がない、ということを明らかにした。しかし、現実を見れば誰でも分かるように、人間とチンパンジーの違いは二％という数字ではとうてい表せないものであり、大腸菌とはおよそ何の共通点もない。それも当然である。生命体の形質の発現と形成は、基本的要素物質たるＤＮＡに対しては創発の関係にあるからだ。つまり、生命体の形質は要素たるＤＮＡによって支配されているわけではないのである。ただし、ここで生命の創発性を二元論的に解釈してはならない。まずは、あくまで物質的システムの内部でそれが起こる様式に着目しなければならないのである[1]。

これに関しては、発生学的観点を絡めた研究がたくさんあるが、かつてのような神秘的「生気」をもち出す輩はいない。むしろ遺伝子ＤＮＡを包む細胞的環境や組織的構造がトップダウン的にその形質発現を左右する、というような物質的システム内部での出来事が注目されている。そもそも、分子言語と比喩される線形の塩基の配列

（TACCTGGCATGTC……）が、三次元的な「形」や「色」に変換するには何か媒質が必要であろう。そして、その媒質は神秘的な超物質的生気ではなく、有機的物質システムのもつ自己組織能であることが解明されたのである。もちろん完全にではないが。

ちなみに、自己組織性ということは秩序の形成に深く関わるが、そこには時間・空間という要素が食い入ってくる。これは秩序形成の形式的側面をなすものであり、ある重要な観点を示唆する。その観点とは、やはり「情報」が物質的システムの自己組織化を促している、ということである。

「だとすれば、結局ＤＮＡという情報を担った物質がすべてを請け負っているんじゃないのか」という意見が出そうだが、「ＤＮＡという情報物質」という表現は妥当ではない。もし生命体の自己組織化を促す情報というものが形相因の名に価するものだとしたら、それはＤＮＡの分子構造には還元できず、もっとダイナミックなものであるはずだ。つまり、ＤＮＡ→メッセンジャーＲＮＡ→タンパク質という転写・翻訳のプロセスとそれを包む生理的環境との間のダイナミックな相互作用全体をもって自己組織化の形相因とみなしうるのである。つまり、それはＤＮＡというモノではなく、こうした相互作用全体というコトなのである。

それに対して、通俗的な反唯物論的生命観は、超自然的なモノとしての生気ないしそれに類した原理をもち出す。つまり、それは物質的システムとは別の存在領域に属す「実体」だというわけである。こうした観点が二元論的心観と裏表の関係にあるのはすぐに看取できるであろう。生命や心を物質から切り離したがる神秘主義的立場は、実は幼稚な存在論に根差した紛い物なのである。こうした観点はすべて「物質の奥行き」ということを見失っている。「物質の奥行き」という概念は唯物論的観点を表明するものなどではなく、先述の「単なる物質」という虚構の概念を徹底的に批判するために発案されたものである。そして言うまでもなく、二元論的観点を打破するという意図も含意している。

生命と物質の関係を考える際には、こうした「物質の奥行き」を視野に入れて、遺伝子とそれを包む環境の相互作用からなるダイナミックなプロセスを顧慮しなければならない。なぜなら、それによって生命体の物質的システムの自己組織化を促す形相因としての「情報」というものが、質料内在的に理解できるようになるからである。ただし、生命の働きは有機体の皮膚の外周に囲まれた「内部」で完結するものではなく、外の世界、つまり生態的環境との相互作用をも含んだ包括的事柄である。[2] 生態的環境からは刺激やメッセージとしての情報が生命体の中に入ってくるが、これも生命活動の自己組織性に強い影響を及ぼす。外からの情報は、知覚的情報処理の物質的基盤、つまり脳神経回路のシナプス結合の可塑性に作用するのみならず、最初期遺伝子（immediate early genes）のもつ変換機能を介して細胞核内の遺伝子にまで作用することが知られている。[3] 生命と物質の関係を情報的観点から深く捉えるためには、内部だけではなく外部からの情報による自己組織化を顧慮する必要がある。そこで、次にそれを顧慮して生命システムの自己組織性について考えてみよう。

2　生命システムの自己組織性

「生命システム」という言葉は、システム論的思考が普及した今日、至る所で聞かれるが、ここでもう一度その意味をおさらいしてみよう。

システム（system）とは、要素の複合体が一定の外延と内包をもちつつ、内的秩序を伴ってできた組織体ないし系を意味する。そして、それは具体的な物体から抽象的な組織までの広範な対象を指して使われる。たとえば、$C_2H_4O_2$（酢酸）や－［$NH(CH_2)_6NHCO(CH_2)_4CO$］$_n$－（ナイロン66）といった分子も一つの物質システム（原子複合体）であり、さらに複雑な物質組成をもつ石や木材もそうである。そして、複雑度の極まる生物学的生命体もタンパク質を基調とした物質的組成物という側面をもったシステムである。これらはみな物質的システムの例であり、明確な物体的外延をもっており、「これ」と言って直示しやすい。それに対して、コンピュータのシステムや株式会社の経営システムや百貨店の販売システムといったものは、分子のような物質システムと違って実体を指し示しにくく、抽象度が高い。しかし、それらはたしかに秩序を備えた組織的構造をもっている。ただ、よりダイナミックな性質をもっているので、外延が流動的に見えて、ふわふわした抽象体と感じられるのである。

ここで、先に触れた、生物学的生命体が「生きている」ということと人間社会や経済が「生きている」という表現はどちらが「比喩」であろうか、という問いを思い起こそう。一見、明らかに後者の方が比喩のように思えるが、両者に帰属するシステムという性質を顧慮すると、その確信がゆらぎ始める。なぜならシステムという点では生物学的生命体の方が「比喩」的地位をあてがわれるからである。

ちなみに機械による人工生命というものが可能だとしても、それは生命の尊厳を穢《けが》すものとはならない。人工生命批判は、高度の有機物質たる生物学的生命体が他の無機物質の機械的システムによって置き換えられることに対する批判という地位しかもたず、生命の尊厳を尊守することにはつながらない。生命の本質は生物学的生命体と人工生命の対立の彼方にあるのだ。人工生命が人間の尊厳に危機感をもたらすのは、自由意志や精神性を貶めるように感じられるからであり、生命の本質そのものは意外と顧慮されていない。そもそも毎日のように動物や植物を残酷に食べているヒューマニストに生命の本質を語る資格などないのである。生命は人間中心主義の視点からではなく、自然の自己組織性に基づいて理解されるべきものであろう。もちろん人間の尊厳という観点も重要だが、それが生命全般の尊厳を顧慮しないものなら、環境破壊につながり、生態系のサイクルを乱し、結局は自らを滅ぼしてしまうのである。「私は自然によって生かされて生きている」という謙虚な観点を決して忘れてはならない。

そもそも「生きている」という表現は、原子や分子によって構成される物質にはふさわしくない。高度の分子構造をもった物質的組織の複合体たる生物学的生命体も、それが「生きている」と言われるのは、どういう分子から成り立っているかという観点からではなく、どのような自己組織性をもって環境や他の生命体と関係を築きつつ活動しているかという点に着目してのことである。ところが還元主義的生命観では、DNAとそれを取り巻く有機分子が「生きている」ことの総元締めの地位に祭り上げられ、実際の生活機能ないし生命活動が脇役に退いてしまう。これは酢酸の化学的本質をC（炭素原子）とH（水素原子）とO（酸素原子）の個別的性質から説明しようとするようなものである。

　我々は、ある対象に直面すると、なるべくそれを具体的で直示しやすい要素に着目して理解しようとする傾向をもっている。そして、この傾向がシステムや「生きている」ということの本質の理解を妨げているように思われる。それに対して、「機能」という点に着目すると、対象を構成する素材の差異を超えたシステム的共通性に目が開かれる。システムとは、もともと素材ではなく機能に着目して得られた概念なのである。たとえば、有機分子の複合体たる神経細胞の回路網（脳）もシリコンチップによって構成された電子ネットワーク（コンピュータ）も類似の認知機能を遂行できるなら、それらはシステム的共通性をもつとみなされるのである。それでは「生物学的生命個体たる人間各人」と「それらが協力して築き上げるコミュニティ」の関係についてはどうであろうか。前者の場合には、それを構成する素材に着目することが容易であり、「生きている」ということの本質が構成物質に還元されやすいが、後者の場合はその観点が生じにくい。ところが、面白いことに後者の構成員は、やはりDNAが形質発現した生命体なのである。しかし、後者はなぜかふわふわした抽象体のように感じられ、それに関して物質への要素還元主義的視点が生じない。

　ここから言えるのは、生物学的生命体であれコミュニティであれ、それらが「生きている」ということは、その素材にのみ着目しては理解できず、それがどのような機能を発揮しているかに注目しなければならない、ということである。それでは、どのような機能が「生きている」という表現を受けるにふさわしいのであろうか。言うまでなく「自己組織性」がその機能の中核となっている。しかしそれだけではない。「他との共存」や「関係の布置とそれの自己へのフィードバック」や「目的性」という契機も重要である。こうした契機は、生命システムが他のシステムとの関係性の中で自己の在り方を参照しつつ、それを関係的活動へと活用していくことを可能ならしめている。ここでは自己と他者の間に循環が生じており、「関係としての自己」が「関係としての他者」に関係しつつ自己を成長させるという事態が生じている。これは人間個体の発達過程に当てはまると同時に自社と他社の経営統合といった事柄にも当てはまる。ここに論理の飛躍があると感じる者は、自社も他社も「ＤＮＡが形質発現した人間個体」によって構成されていることを想起すべきである。

そもそも「生きている」ということは活動的様態を指しているので、分子生物学に基づいた還元主義的生命観はその本質に到達できない。Life には生命と生活と人生という三重の意味があり、それぞれ情報によって賦活される自己組織性という性質が備わっている。生命システムの自己組織性を理解するためには、質料因に着目ばかりいてはだめで、形相因や目的因も顧慮しなければならないのである。しかも、それには進化や生態といった契機も関与している。言うまでもなく、進化するのは生物学的生命体だけではなく、宇宙も地球も社会も文化もそうである。それも生態的環境という「場」においてなされる。そして、「場」は関係性の複合体であり、情報を生み出し、自己組織性を賦活するエネルギー的性質をもっている。(4)「生きている」ということは、実は生物学的生命体の物質組成や機能を超えた世界の奥深い情報構造を示唆しているのである。

3　生命の意味

我々は生命の意味を問う。なぜなら我々は形而上学的生物だからである。

生命体がどのような物質によって構成されているのか、という質料因への問いは、生命の意味的側面には直接関わらない。意味に関わるのは形相因と目的因への問いである。こうした問いは、「なぜ私は存在しているのだろうか」「何のために私は生きているのだろうか」という実存的問いかけに端を発し、さらに他者の生命の価値や生物全般の存在の意味へと敷衍していく。そして、それは「なぜ生命がこの宇宙に誕生したのであろうか」という形而上学的問いへと極まっていく。その際、質料因に定位した生命探究の身分が問われることとなる。そして、その限界が認識され、「意味」への関心が先鋭化されるのである。

そもそも何かの「意味」というものは、その本質と目的性に深く関与する。つまり、生命の意味とは、その本質と目的性なのである。だから、生命体がどういう物質から成り立っているかを示したり、生理的プロセスの分子的メカニズムを説明したりしても、生命の意味を説明したことにはならないのである。

しかし生命の意味への問いは、超自然的次元へと逸脱してはならない。つまり、質料因を全く無視して、精神主義的次元へと遁走してはならないのである。アリストテレスも言うように、質料と形相は生命体において不可分の統合性をもっており、両者を二元論的に分離して捉えることは許されない。形相は質料に秩序を付与するもの、つまり後者の組織化の原理である。しかも、生命体の質料は、秩序形成という目的を目指して自律的に組織化される。前節で触れたこの自己組織性が、質料と密着した生命の意味的側面を形成している。つまり、単なる物質ではなく物質の「自己組織性」が生命の意味に関わっているのである。そして、自己組織性は情報によって賦活される。生命の意味をもっぱら精神的次元で理解しようとする姿勢は、「意味」というものを物質の構造や物理的システムのもつ秩序から完全に切り離してしまい、それを生命の意識に還元してしまっているのである。

たしかに「意味」は意識的認識主観による受容に依拠する現象ではあるが、それにとどまるものではない。主観による受容以前の自然的実在性をもっているのである。この自然的実在性は、いわゆる客観的実在性とは異なった概念であり、主観―客観対置図式から捉えることはできない。つまり、客観的実在性というものが「主観の外」を意味するのに対して、自然的実在性は主観を取り込んだ世界の自己組織性を示唆するのである。この概念は、主観というものを、身体性を伴った世界内存在、あるいは環境の中で生きる有機体とみなす立場を援用すると分かりやすい。こうした立場からすると、環境の中で生きる身体的主観は、意識の構成機能の狭い枠を超えて、世界の情報構造と一体となったものとして理解される。

このような説明の仕方が抽象的で理解しにくいと感じる人は、個人の意識と社会的生活の意味連関の関係について考えてみればよい。「意味」というものは、世界から切り離された独我論的自己の内面から純粋自己触発によって生じるのではなく、他者とのコミュニケーションを通じて脱自的に形成されるものなのである。つまり、それは情報「交換」を通して創発する社会的機能であり、換言すれば、生活のための道具である(5)。

ここから「生命の意味」というものを社会生活の情報的構造から理解する視点が生まれる。そして「社会生活の情報的構造」というものは、道徳や倫理や法というものと深く関係している。それゆえ、生命の意味への問いは、その価値への問いと密着しており、生命倫理学は必然的に唯物論的生命観の打破という傾向を帯びるのである。

ただし、ナイーヴな生気論や目的論ないし精神主義的立場は排除されなければならない。生命体における質料と形相の一体性を顧慮し、かつまた生態的次元を顧みつつ、個体とそれを包む環境双方の情報構造に根差した「生命の意味」というものを深く考えなければならないのである。

4　生命と心

生命が自己組織化するシステムだとするなら心もそうである。つまり、どちらも情報によって自己組織化が促され、内的秩序が形成されるのである。心の中核となる現象は意識であるが、それを取り巻く辺縁現象としての生命的無意識の機能も無視できない。そして、この無意識的要素を介して心は生命と深く結びついているのである。

生命の質料因はＤＮＡであるが、心のそれは脳である。より詳しく言うと脳を構成する神経細胞の回路網である。しかし、それだけにはとどまらない。脊髄も中枢神経系の一部として心の生成に深く関与しているのである。そして、脳と脊髄の中継点に当たる脳幹に無意識的―生命的心性の座がある。脳幹（延髄、脳橋、中脳、間脳）には、生命の維持に極めて重要な役割を果たす自律神経系の中枢、意識を維持し睡眠と覚醒をコントロールする網様体、感覚と運動の情報を統合して身体の安定を保つように運動の領野に働きかける大脳基底核、内分泌系の中枢たる視床下部―下垂体などがある。(6) これらはすべて生命の働きに直結した無意識的情報処理としての「心」の自動制御機構として理解できる。

我々は普通、意識によって捉えられる主観的現象を中心として「心」というものを理解している。それゆえ、主観的表象内容に組み込めない「脳幹部の無意識的情報処理の働き」を提示されても心に親近的なものとは感じない。そこで大脳中心主義の心脳関係論が跳梁する破目になるのである。そして、それは「身体全体と生命」という心身問題にとっての重要な思考案件を見失わせてしまう。

心は、意識の主観的性質からのみ構成されるのではなく、全身の生理活動の目的性をもった秩序形成に密着しており、その意味で生命の無意識的自己組織活動の支配下にある。そして、注意深く自己観察してみると、「意識の主観的働き」と「生理的過程のもつ無意識的心性」の間に相関関係があることが分かる。この相関関係は、二元論者が主張するような心身相互作用ではなく、心身間の明らかな連続性を示唆している。体調と気分の相関はそれを象徴する最も身近な現象である。そして、この相関は、生命の維持という目的性が意識の主観性の最も低い層に現れたものと理解できる。

今日、「心の座は脳である」とする見解が無思慮に受け容れられる傾向にあるが、それは論理的思考や記号的情報処理に偏向した認知主義の悪影響にすぎない。心の本質を考えるためには、むしろ身体全体性の生命的自己組織化システム、ならびに環境の中で生きる有機体という契機を深く顧慮すべきである。

身体内の生理的過程と社会生活は、どちらも情報によって賦活される自己組織性という性質をもっている。前者は無意識的で後者は意識的コミュニケーションに基づくという違いはあるが、情報によって賦活されるという点は共通である。すると、「無意識的な形相的情報」と「メッセージとしての知識的―主観的情報」は、高度の社会的霊長類としての人間において一体となっているものと理解できる。もちろん、より下等な生物やコンピュータのような人工の情報処理機構にもその一体性の片鱗はある。しかし、それは人間におけるほど明瞭ではない。

アリストテレスによると心は身体の形相因にして目的因であり、ほとんど生命と同じ意味をもっている。しかるに、こうした考え方は意識の主観性に定位した心観とは程遠いものであり、現代人には分かりにくいであろう。しかし、この点に着目しないと、形相的情報を介した生命と心の相即性の理解には到達できない。逆に言えば、アリストテレスに倣って心と生命を相即させ、そこから形相的ないし客観的情報の概念に目を開くことが、新たな存在の階層の発見につながるのである。つまり、情報のもつ存在論的機能が明瞭となり、それが万物の根源であるという理解が萌すのである。(7)

とにかく心と生命の関係は重要である。意識中心主義の心観は身体と自然から心を切り離したがるが、生命的自然主義の心観は心を身体から環境まで延び広がったものと理解する。前者が情報を意識的コミュニケーションに即して捉え主観化するのに対して、後者はそれを物質の構造や世界の構成や自然の秩序と密着させて考え、客観性から無理に切り離すことがない。そもそも情報が主観的なものだなどと誰が決めたのだろうか。心にしろ情報にしろ、それらがもっぱら主観的なものだという保証はどこにもない。そうしたものが「主観的だ」というのは、一つの観点にすぎないのである。しかし多くの人は、そのような狭い見識に囚われてしまっている。心と生命の相即性を理解し、そこから形相的情報の存在論的意味に開眼することが肝要なのである。

5 意味・形相・情報

雪の結晶やミツバチの巣の整合的形態（ハニカム構造）は、意識的設計者の手になるものではない。それは自然の自己組織性の顕現である。こうした例は、すべて「形態」というものに関わっているが、そこに整合的「構造」が見られるのが特徴である。つまり、アリストテレスの言う「形相」が見事に現れているのである。(8)

ところで形相は単なる観念ないし理念ではない。それは自然物質のもつ構造と組織と形態に深く関わっている。ちなみに形相は「意味」と深く関係しているが、二元論を排した形相理解からすると、意味もまた物質の自己組織性から切り離せないものとなる。そもそも我々は「〜の意味」という観念をどこから得たのであろうか。あらゆる観念の源泉は経験であるが、後天的経験ですべてが片付くというわけではない。遺伝情報と生誕時の脳の神経システムによって準備された先天的認知基盤が経験に形相を付与することによって、後天的経験が整合的な能力を発揮できるのである。もともと「経験」は意識の主観的構成能を超えているので、意味という観念も意識成立以前の自然的本性を有したものとみなされる。それゆえ、その源泉は自然界の物質や物理的プロセスのもつ「構造」と決し

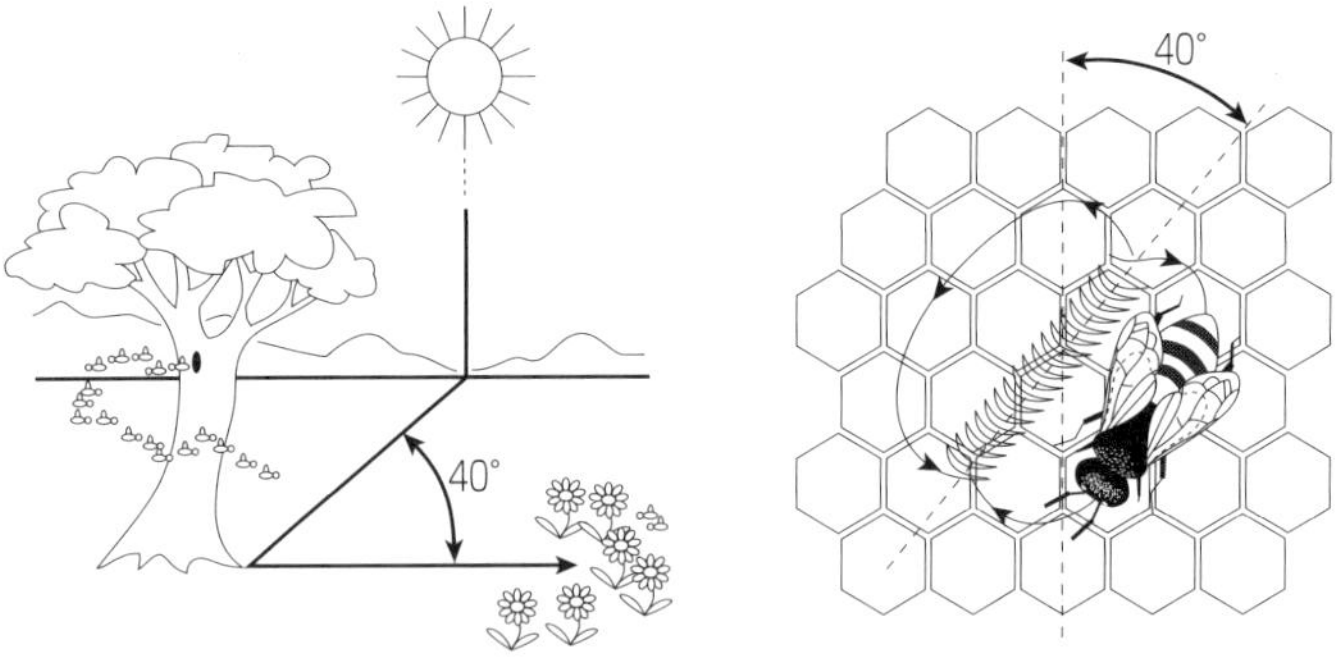

左：餌場たる花畑はミツバチの巣と太陽を結ぶ線から右40°の位置にある。右：この花畑の場所を仲間に知らせるために，偵察蜂はこれに応じて垂直から右へ40°の方向に進む。ちなみに8の字の中央のギザギザは尻振りダンスを表し，巣と餌場との距離は尻振りダンスの継続時間としてコード化されている。仲間の蜂はダンスに伴う唸り音で継続時間を測る。働き蜂の触覚末端の鞭節の部分は260～280ヘルツの共鳴周波数をもっており，ダンサーの翅の振動周波数とよく合っている。

図3－1[10]　ミツバチの8の字型ダンスと太陽の方角

て無縁ではない。

我々は夏の午後の入道雲の形態と動きから夕立を予感する。つまり、入道雲の形態に自然と意味を読み取っているのである。これは古代人にはもちろん類人猿や哺乳類や鳥類にも共通する本能的認知能力である。天候には明らかに意味があり、それが我々の意識に働きかけ、行動を左右するのである。これは、内省的意識を欠いた動物にも当てはまる。もともと生物の行動は、言語的内省能力を介さずとも十分機能するのである。たとえばミツバチは尻振りダンスによって情報交換をする。このダンスは8の字型を描くもので、翅の振動周波数が付加されて、餌（花）までの距離とその位置、ならびにその匂いを仲間に伝達する身体言語の役割を果たす。これは太陽の方角をコード化してなされる行動的認知機能である（**図3－1**を参照）。つまり、ミツバチの尻振りダンスは正真正銘の記号化されたメッセージなのである。[9]

ミツバチがこのような身体的コミュニケーションと情報のコード化の能力をもつとするなら、巣のあの整合的形態も超自然的要素なしに理解可能となる。とにかく、ミツバチは人間のような数学的ないし幾何学的建築技術なしに、あのような整合的六角形の集合体たる巣を集団で建設するのである。つまりミツバチは、人間の建築家のように設計図を描いたり、文字や音声言語によって仲間と情報交換したりすることなしに、ダンスによってコード化された情報を介して仲間とコミュニケーションし、さらに重力の方向性を感知しつつ巣を建設するのである。そして、そこには触角の機能も加わる。[11]

こうしたことを顧慮すれば、意味や情報というものが、必ずしも人間に見られるように言語や意識を必須の基盤とする現象ではなく、動物の本能的行動（身体的認知行動）によっても捉えられ伝達されるものであることが理解できよう。また、雪の結晶形成に代表される自然物質の自己組織性は、さらに人間的知能による設計から隔たっているが、その整合的構造と組織が示唆する「形相」は、決して意味や情報と無縁のものではないことが看取されるであろう。

我々の脳を中心とした神経システムも意識に反映されることのない自律的計算を営み、膨大な量の情報を自動的に処理していることが情報神経科学によって明らかにされている。とすれば我々もいくぶんミツバチ的なのである。そして、我々の身体の形態と組織的構造はＤＮＡの「遺伝情報」と生命体各部分の「場の情報」の協力現象によって出来上がったものである。とすれば我々は雪の結晶と自己組織性を共有しているのである。ちなみに「遺伝情報が形質発現する」ということは、形態や組織の面のみならず、行動や生活や意識に関しても言われることである。もちろん後天的経験における環境との相互作用は無視できない。しかし、基盤となっているのは、あくまで遺伝情報とそれを場の情報と共鳴せしめる生命システムの働きである。つまり、無意識的な形相的情報が身体の質料に秩序を付与しており、その働きの上に意識作用が乗っかっているのである。それゆえ、意味というものをもっぱら意識の志向性の相関項と考える姿勢は、人間中心的な主観的「意味」理解だと言える。もちろん、意味は意識の志向性と関係しているが、その根底には無意識的生命の自己組織性、ならびに物理的自然界そのものに帰属する情報的構造が控えているのである。たとえば、我々の価値観の基盤となる上等、下等あるいは強、弱といった基準は、物理的現象から流用されたものである。物理的現象は、原子論的唯物論が考えるような「原子と空虚」という単純な構造からなっているのではなく、「意味の指示連関」とか「目的性」とか「秩序の自己形成」と解釈しうる情報的構造をもっているのである。このような見方は、よく擬人化だと言われるが、そうではない。「擬人化だ」という見方こそ人間中心主義の主観的情報理解に毒された軽佻な態度なのである。もちろん行き過ぎた目的論的自然観は戒められるべきだが。

ここで留意したいのは、我々の意識が環境世界から切り離された内面的現象ではなく、行動を介して外的世界へと延び広がっている、ということである。つまり、我々は世界内存在として情報処理し意味を看取しているのである。その際、我々の心の秩序（内的情報環境）と外界の情報構造の共鳴が生起しているものと考えられる。しかし、この場合、内と外は循環の関係にあり、どちらが先とは言えない。ところが、主観的情報概念の主張者は独断的に内面的意識の先行性（ないし優位性）を主張して、意味を観念化するのである。これはデカルト以降の哲学者に特徴的な姿勢であるが、二〇世紀に入ると近代的主観性に対する批判が起こり、意識内在主義的意味理解の乗り越えが提唱され、環境的要因の重要性や人間と動物の連続性が見直されることとなった。

こうした動向にアリストテレスの形相概念を加味して情報の概念を捉え直すことは極めて有益だと思われる。いずれにしてもデカルト的な物心二元論は、情報や物質の本性に関してだけではなく、心の本質理解に関しても貧しい見解しか提供できない。そして形而上学的（存在論的）前提としての物心二元論の色眼鏡をはずさない限り、「物質の心」としての形相という概念は理解できないし、ましてや情報が物質の存在根拠だという思想に関しては理解の糸口すら見出せないのである。(12)

6 情報と生命

以上のような考察について読者の方々はどのような感想を抱くであろうか。「情報や生命の概念について、これまでこのような見方をしたことがなかったので、新たな視界が開けた」「情報と生命の関係については分子生物学による説明があるが、このような考察はそれを乗り越える包括的視点に裏打ちされている、と感じた」というような積極的評価がある一方で、「こじつけのように感じられた。情報にしろ生命にしろ人間が直に感じているものがその本質をなしているように思われる」「意識や知識と切り離された情報、そして生物学的生命体以外のものがもつ生命なんてあるんだろうか」といった否定的見解もあるだろう。

基本的に我々の思考は言語的概念形成によって呪縛されている。それゆえ「情報」や「生命」の慣用的意味からはずれた定義をもち出されると当惑してしまう。しかし実在は言語によって十分捉えられない奥深い性質をもっている。それは知覚者の意識に先立つ世界の自己組織的秩序形成に関わるものであり、言語に先立つ情報構造というものを示唆している。

そこで、言語によって捉えられた主観的情報概念は実在の情報の影にすぎない、ということになる。ただし「実在の情報」という言葉は「情報」の慣用的意味（つまり「メッセージ」）に囚われている人には矛盾概念にしか思えないであろう。この偏見から脱するためには「情報」の慣用的意味を一旦エポケーするしかない。それが難しいなら、とりあえず「情報」を「形相」で置き換えてみればよい。

「生命」に関しても同様である。つまり、その慣用的意味を超えて無生物にもそれを適用してみるのである。そしてその際、形相としての情報を理解に援用することが肝要である。これによって情報と生命の関係は自然の奥深い自己組織性という視点から捉え返される。しかし、ここで一般的な情報と生命の概念が全く蔑ろにされているわけではない。それらは両者の根源的な意味からの派生態として理解され、その道具的価値が十分顧慮されるのである。

とにかく言葉に囚われてはならない。これは特に文字となりうる音声言語に関して言えることである。こうしたものに囚われると「情報」は知識やメッセージの意味でしか理解できなくなる。それに対してミツバチの尻振りダンスによる情報伝達のようなものに着目すると、情報と形相ないし構造の相即性に目が開かれやすい。ミツバチの尻振りダンスのような身体言語は、人間の音声言語よりも自然の物理的構造に密着しており、「形」を直接表現する性格をもっている。[13] ミツバチの場合には、これが重力の方向性を感知する高度の能力と結びついて、巣のあの独特の整合的形態を計算なしに築き上げるのである。

ミツバチの巣作りには構造（や形態）と情報の相即性が象徴的に表れている。そして巣作りは生命活動の一環である。ここから生命と形相と情報の三位一体性が看取される。それに対して、意識や言語に力点を置くと情報が主観化され、形相や構造との接点が見失われてしまう。そしてこうした観点は、生命を生物学的生命体（要するに「生物」）に限定して考える姿勢を派生させ、物理的プロセスや社会的システムのもつ自己組織性としての生命性に対して盲目となりがちである。

ちなみに、分子生物学ないしバイオインフォマティクスにおける情報と生命の関係の考察は、生物に限定してなされるものなので、心身問題を顧慮した形而上学的情報の理念には到達しない。そうした情報の理念に到達しようとするのは、哲学者、物理学者、システム論者の一部である。そうした人たちはみな、物心二元論と還元主義を乗り越えようとする姿勢を共有しており、この宇宙を一つの巨大な生命体ないしコンピュータとみなす傾向をもっている。情報と生命の関係は、このような宇宙論的視野において、深い存在論的関心からなされたとき、最も深い次元で解明されるのである。たとえそれが困難を極めるにしても。

注

（1）たとえば、長野敬「生命を問い詰める――分子生物学の視角から――」（中村雄二郎・木村敏『講座・生命』第六巻、河合文化教育研究所、二〇〇二年）を参照。

（2）Cf. J. Dewey, *Experience and Nature*, Dover, New York, 1958（河村望訳『経験と自然』人間の科学社、一九九七年）を参照。

（3）E・L・ロッシ『精神生物学』伊藤はるみ訳、一九九九年、日本教文社、三國雅彦・樋口輝彦編『脳シグナルカスケードと精神疾患』学術出版センター、一九九七年などを参照。

（4）清水博『生命と場所――意味を創出する関係科学――』NTT出版、一九九二年、『生命を捉えなおす・増補版』中公新書、一九九四年を参照。

（5）Cf. G. H. Mead, *Mind, Self, and Society: from the Standpoint of a Social Behaviorist*, The University of Chicago Press, 1967（河村望訳『精神・自我・社会』人間の科学社、二〇〇二年）

（6）竹村彰祐・大井龍夫『生物の情報システム』講談社、一九九七年を参照。なお、この本は遺伝の情報システムと脳の情報システムを中心として生命体の情報システムを分かりやすく説明しているが、生命の自己組織性と絡めて情報の普遍的概念も論じており、啓発的である。とりわけ遺伝情報系と言語情報系の比較的考察は興味深い視点を提供してくれる。

（7）アリストテレスにおける生命と形相の関係、ならびにその生理学思想史的意義については、T・S・ホール『生命と物質』（上）、平凡社、一九九〇年を参照。

（8）ちなみに、雪の結晶は明らかに意識的製作者の手になるものではないが、ミツバチの巣の形態は行動的認知能力によるものであり、人間における意識的製作といくぶん類似性をもっている。しかし、あのハニカム構造は自然の自己組織性を象徴している。換言すれば、行動的認知能力による形相の実現は、内省的意識よりもダイレクトに自然の構造と形態に結びついた身体的機能として、行動と自然の相即性を示しているのである。

（9）T・D・シーリー『ミツバチの知恵』長野敬・松香光夫訳、青土社、一九九八年を参照。

（10）T・D・シーリー、前掲書、五八ページ

（11）松浦誠「ハニーカム構造の不思議」（『みつばち——自然界の幾何学者——』立風書房、一九九四年）を参照。

（12）この点に関して以下を参照。C. de Quincey, *Radical Nature: Rediscoverring the Soul of Matter*, Invisible Cities Press, Montpelier, 2002、池田善昭『システム科学の哲学——自己組織能の世界——』世界思想社、一九九一年

（13）それに対して、言語の体系性と意味論に力点を置くと、ミツバチのダンスの言語的機能の劣等性が際立ってくる。（R・G・ミリカン『意味と目的の世界——生物学の哲学から——』信原幸弘訳、勁草書房、二〇〇七年を参照）。しかし、人間における原初的な言語機能としてジェスチャー会話は、明らかにミツバチのダンスに類似した生命的—社会的機能をもっている。そしてそれは、音声を伴うと、有意味シンボルを生み出すのである（Cf. G. H.Mead, *op. cit*.）。ちなみに、こうしたジェスチャー会話と有意味シンボルの関係は、象形文字というものを考えると、情報と形相の関係を示唆するものとして理解できる。

第4章　意識・情報・物質

はじめに

第2章では心身問題と情報理論の関係を論じたが、ここでは心的機能の中核をなす意識という現象に焦点を当て、情報のもつ存在論的意味について考察してみたい。その際、情報と物理系の関係も問題となる。また、これまで何度か触れてきた「物質」という概念の曖昧さの由来が再考され、心身問題の混乱の元が明確化される。

意識は情報によって組織化される心的システムであるが、内面的現象に尽きるものではない。それは行動を介して外的環境世界へと脱自的に関与しているのである。そして、その質料的基盤は脳の神経システムであり、これに全身の生理的システムが付加される。しかるに、前述のように、全身の生理的システムは無意識的な形相的情報によって自動的に組織化されており、意識を創発せしめる生命の根源的力を形成している。つまり、その内容が主観的に表象され自覚できる「意識」の根底に無意識的生命の形相付与の働きが存しているのである。ここから、心身関係における情報の二重の意味が看取される。すなわち、内的な表象や思考の過程を構成する知識的性質をもった「主観的情報」とその基盤となる組織化の原理としての「形相的情報」という二重の意味をもった「情報」が、我々の心身を一つの生命システムへと統合しているのである。

心身的生命体は遺伝子に先天的情報を蓄えているが、これが環境と相互作用して行動と意識という形質を発現せしめる。とすると、意識をもった生命体は内的情報環境と外的情報環境の両者によって賦活される情報システムである、と言える。我々の身体を構成する物質がもともと形相的情報によって形成されたものだとすると、身体を「単なる物質」とみなす考え方は論拠を失い、それと心的現象の連続性を認めざるをえなくなる。また、心を「全く物質性を含まないもの」と捉える姿勢も同時に崩壊し、それと物質的現象の連続性を承認せざるをえなくなる。

こうしたことを理解するためには、まず「情報」というものを知識やメッセージに限定する主観主義的考え方を打破しなければならない。しかし、この場合「客観的情報」という概念をもち出しても混乱を招くだけである。なぜなら主観—客観対置図式によって麻痺した思考法からすると「客観的情報」は「木製の鉄」のような矛盾概念に思えるからである。この際、「言葉に囚われてはならない」という警句だけでは埒が明かない。「情報」という言葉の根底に存する形相的本質が看取されない限り、事象そのものへの開眼は生起しないからである。

これまで何度も触れてきたように、「情報（information）」は心的システムのみならず物理的システムにも秩序を付与する組織化（in-form-ing）の原理として、アリストテレスの「形相（eidos = form）」に親近的な意味をもっている。システムとは、心的であれ生命的であれ物理的であれ、構造を自己組織化し特有の機能を発現せしめるものである。そしてそれは素材（つまり質料）と形相という両側面をもっている。また、形相と質料の関係は心と物質の関係と重なっている。この関係の重複を偏った視点で捉えると、心的システムとしての意識にのみ形相を認め物質的システムとしての身体を形相なしの機械とみなす周知の二元論的観念が生じる。しかし、アリストテレスの真意を現代に生かすためには、デカルト以降の近代科学の機械論的自然観を打破して、有機的自然観を洗練されたものにし、そこから心と身体、意識と物質の二元対立を克服しなければならない。

ガリレイやデカルトやニュートンの頃の物理学は物質の概念が中核をなしておりエネルギーという現象には注意が払われていなかった。その後、エネルギーの物理的重要性が認識され、原子論的唯物論や機械論的自然観のもつ物象化的存在把握が少し諫められた。この傾向は二〇世紀の相対性理論と量子力学によってますます堅固なものなり、ミクロの世界では決定論的自然観が通用しないとまで言われることとなった。これは近代以降勝利を得たかに思われたデモクリトスの原子論的唯物論が、結局プラトンとアリストテレスの形相的自然観には敵わなかったことを示唆している。たとえば量子力学の泰斗ハイゼンベルクは、そのことを明言している。(1) また、物理学出身の哲学者ホワイトヘッドもそのように考えた。とにかく、デモクリトスの原子とそれを取り巻く空虚というモデルは破棄され、数学的形相によって賦活されるダイナミックでプロセス的な物理的存在観が称揚されている。そして、この傾向はその後必然的に物質とエネルギーに続く第三の物理的因子たる「情報」を際立たせることとなった。その際、情報は単なる知識の意味ではなく、まさしく数学的「形相」として物理的世界の存在根拠を担うものとなった(2)。

物質→エネルギー→情報という物理的因子の発見経路は、粗雑なもの的世界観ないし存在把握からこと的でプロセス的な有機的自然観と存在理解への発展を示している。これは一見抽象的に思われるものが実は真実在であることを示唆しており、素朴な唯物論的世界観を震撼せしめるものである。また、それは同時に物心二元論をも打破する力を秘めている。

もっとも粗雑な存在理解は、質量をもった物体にのみ存在性を認めるものであり、その思考姿勢はデモクリトスの原子論的唯物論に親近的である。しかし、観念ならざる形相はたしかに存在するのである。それは「対象として存在する」というよりは「対象の存在を背後から支える組織化の原理として機能している」のである。そして同時に対象を認識するための原理としても機能する。このことが物理学の側からも理解され始めたということは、万人が着目すべきことである。我々は、もはや超自然的神に頼れないのと同様に原子論的唯物論や唯名論にもすがれないのである。

以上のことを銘記して、意識と情報と物質の関係について考察することにしよう。その際、まずチャルマーズが提唱した情報の二重側面理論が着目される。

1　情報の二重側面理論

チャルマーズは心の哲学と認知科学を専攻する気鋭の学者である。彼は心脳問題の舞台で「意識のハード・プロブレム」というものを提唱して一躍有名となった。意識のハード・プロブレムとは、クオリアに象徴される意識の主観的特質が神経科学と認知科学の標準的な方法では決して解明されない、ということを示唆するものである。そして、その背後には、意識と脳の間には必然的な因果的結合関係はない、とする存在論的観点が控えている(3)。

多くの人々がこの点に魅せられてチャルマーズを賞賛した。もちろん反対者も多くいたが、ハード・プロブレムは脳還元主義に対する警告として一種の流行語になった。しかし筆者の見るところ、彼の思想の真骨頂はネガティヴなハード・プロブレムよりもポジティヴな情報理論にある。意識の主観的特質あるいは現象的性質が脳の物理的プロセスと因果的結合性をもたない、ということをひたすら主張するハード・プロブレムは、実は古くからある二元論の焼き直しにすぎない。そもそもチャルマーズには現象論的二元論者と機能主義者という二側面があり、それはあたかも二重人格のような様相を呈している。このことに気づかないと彼の二元論的思想にのみ注目する破目になる。

彼の著作を注意深く読んでいくと、彼が広い意味での物理主義者であることが分かる。しかし、いわゆる還元的唯物論の意味でのそれではない。非還元的物理主義としての機能主義が彼の眼目なのであり、そのために脳の生理学的プロセスに限定されない拡張された物理的因子を心脳問題の解決のために要請するのである。実はハード・プロブレムは、この目標に至るための伏線であり、人々の視線を唯脳主義からそらさせるための道具となっている。その意味で、それは登り切ったら捨てられるべき梯子である。このことは、彼が脳還元主義を否定しつつも、強い人工知能やサーモスタット（生命と脳をもたない単純な情報処理装置）の意識の可能性を認める姿勢によく表れている。そして、彼はこの線に沿って心脳問題のポジティヴな解決策を打ち出す。それが「情報の二重側面理論」である。

この理論は、万物の根源ないし宇宙の根本的構成要素が「情報」であるという形而上学的（存在論的）観点によって支えられている。この始原的「情報」が、意識の現象的性質と物理的プロセスという二つの一見相容れない側面を自らの内から発現せしめる、というふうにチャルマーズは考える。この思想を最初に聴いた人々は、みな彼のことをクレイジーだと言った。たとえば、還元主義的な神経科学者のコッホは、一九九四年の国際意識学会でチャルマーズに食ってかかった。こんな検証できない理論は古い二元論の焼き直しにすぎない、というわけである(4)。しかし、コッホはその後チャルマーズの情報理論の重要性に気づき、それに敬意を払うことになる(5)。

チャルマーズの情報理論は、意識論的には機能主義の観点に裏打ちされており、形而上学的ないし心身問題的にはラッセルの中性的一元論から着想を得ている。また、物理的プロセスの根底に情報を措定する姿勢は、前述のように理論物理学者ジョン・ホイーラーの“It from Bit.”という思想に由来する。

ラッセルは、この世界の根底にある真実在は心的でも物的でもない中性的な何かであると考え、とりあえず「感覚」をその候補として挙げた。また、彼の中性的一元論は心理学と物理学を統合する上位科学を要請する姿勢に裏打ちされていた(6)。ちなみに、心と物の対立を超克しようとする思想は古来、数多《あまた》存在した。そうした中で「情報」をその候補として挙げるチャルマーズの姿勢は注目に価する。なぜなら、これまで何度も触れてきたように、information というものは知識やメッセージという主観的意味に限定されない形相的意味をもっており、物理的プロセスの根底に情報を置く姿勢は心身二元論を非還元主義的に克服する力を秘めているからである。しかし彼は、プラトンのイデアやアリストテレスのエイドスに直接言及することはないし、それに類似の概念、つまり物事に秩序と形態を付与する組織化の原理といったものにもあまり興味を示さない。これは世界の情報的構成と心的ならびに物的システムの自己組織性に関わるものであり、基本的に有機的自然観と密接に関係している。そして、有機的自然観はあらゆるものに生命性を認めるものでもある。しかしチャルマーズにはこうした生命の思想が欠如している。だから、脳還元主義を否定しつつも機械論的な機能主義に傾倒し、強い人工知能を肯定したりするのである。

こうした傾向はたしかに彼の欠点である。しかし、それを突いていてばかりいてもしょうがない。むしろ彼の思想を自己組織性と結びつける方向に進んだ方がよいであろう。とにかく彼が提唱した情報の二重側面理論は存在論的に極めて重要な意味をもっており、その欠点を補って余りある哲学的価値を含有している。筆者は、この理論に触発されて、情報を万物のアルケーに据える形而上学を構築しようとする意欲を授けられたのである。

チャルマーズは、基底的情報はその外面的相として物理的プロセスをもち内面的相として意識的経験の現象的性質をもつ、と考える。そして、両者は情報空間を介して相互の構造を反映し合う構造的相即性をもつ、と言う。情報空間は、心的（ないし現象的）相と物理的相の両方をもち、それに対応する情報状態の二相を実現しているのである。

たとえば目の前で二匹の犬が喧嘩しているとしよう。その喧嘩の様相は一つの物理的情報状態を実現しているが、それは知覚者の外部の物理的空間の中にある。そして、この三次元の物理的情報空間は、知覚者の脳の内部で情報処理され、心的な情報状態へと翻訳される。つまり、知覚者の脳の中に神経によってコード化された「二匹の犬の喧嘩」の情報空間が実現し、それが一つの状態を形成しているのである。つまり、外部の物理的情報状態と内部の心的情報状態は、物理的構成の差異を超えて、情報構造の抽象的形式の同一性を保持しているのである。とすれば、情報空間は、知覚者と対象を包摂するものとして、主客分離以前あるいは物心未分の中性的存在要素として理解できる。それは、経験の基底相を世界そのもののもつ情報構造に接合せしめるような存在要素であり、必然的に

「場」的性質をもっている。チャルマーズが言及していない「情報場」という用語はこうした事態を指示するためによく使われる。ちなみに、こうしたものを理解するためには、一般の主観的情報概念は役に立たない。むしろ理解の障壁となる。つまりこの場合、情報は、発信者から送られてくるメッセージとしてではなく、発信者と受信者を包む「場」として理解されているのである。換言すれば、メッセージや知識として情報が成立するための構造的基盤を準備するもの、それが二重の側面を取りうる基底的情報である、というふうにチャルマーズの思想を敷衍して解釈することができるし、それはたしかに事象適合性をもっている、と言える。

こうしたものが世界の情報的構造やシステムの自己組織性に関わるのは推測に難くない。そこで我々に課せられた仕事は、情報の二重側面理論を有機的自然観に結びつけ、従来の物質観を打破して、形相による物理的世界への秩序付与を捉え直すこととなる。

2　唯物論を打破するような物質概念

我々は日常「物質」という言葉を頻繁に使っている。ただし、その意味と本質を明確に定義できる者は稀である。それでも物質は実在性においてこの世界の他の要素をはるかに凌いでいると多くの人に思われている。それは論証された事実というよりは信念に近い。つまり、多数の要素からなるこの世界も、すべてのベールを剥ぎ取れば、そこに残るのは物質のみだ、というわけである。その際、「物質」の内実はそれほど問われない。だいたい「質量をもった物体」のようなものを漠然と想定し、その内実を中学や高校で習った原子の複合体とみなすのが関の山である。

そのような素朴な信念に毒された人に、ためしに「物質」と「物理的プロセス」の関係を問いかけてみるのも一興である。言うまでもなく、物理的プロセスないし物理的事象は「物体」だけで構成されていない。そこにはエネルギーや様々な物理的「場」が構成要素として存在し、さらに時間・空間的要素も加わる。また人間の感覚によって受容されるような性質も物理的プロセスの一翼を担っている。たとえば色彩、味、臭い、体感温度などがそれである。こうした要素はかつて主観的な派生的性質（第二性質）として物質そのものがもつものとはみなされなかった。もちろん、人間の意識に現れる感覚の質がそのまま物理的プロセスに内在しているわけではなく、それを発現せしめる基盤が存しているのだが、まったく主観を離れた客観的要素としてそこにあるわけではない。感覚的性質を含んだ自然の物理的組成を捉えるためには、そもそも主観—客観という対置図式そのものが乗り越えられなければならないのである。そして、この課題は物理学にではなく哲学的存在論に帰属する。

こうしてみると「物質」という概念が思いのほか謎めいていることが分かるであろう。我々は普通、心とか精神の方が物質より謎めいており神秘に満ちているように考えるが、その逆が真相だという可能性は決して否定できない。心は、無学な人にも理解できる直接的体験の内容であり、誰もが日々自分で操作し慣れ親しんでいる現象である。つまり、それは直感（直観というよりはこれに相当する）の対象である。そして、心が定義し難く感じられるのは、それが物質との関連を問われるからである。「客観的に定義する」というのは、実は「物質なみの定義を求める」ということに相当する。だから、物質に対する心の存在論的位置を問われると、みな答えに窮するのである。簡単に言おう。心は自分の家の事柄、物質は見ず知らずの他人の家の事柄である。他人の家の事柄は直接知れないから、それとの関連を問われると自分の家の内部のことも謎めいてくるのである。

ちなみに西洋の哲学と物理学の歴史において「物質」というものがいかに多様に理解され、その統一的定義が見当たらないかは、ド・クワンシーが示した主要人物の次のような規定の多様性からすぐに看取できる(7)。

デモクリトス：空虚の中の原子。（☠）
プラトン：完全なイデア（形相）の不完全な写し。
アリストテレス：純粋の可能態として、変化するものである。
プロティノス：精神から最も隔たり、非存在に近いものである。
アウグスティヌス：形相を欠いた基体として、それ自身では存在できない。
アクィナス：第一の基体であり、感覚や理性によって捉えられない。
デカルト：空間の中で延長を有するもの。（☠）
ロック：感覚的性質の神秘的源泉。つまり我々はその何たるかを知らない。
バークリ：存在しない何か。
ヒューム：知らない。
カント：知りえない。
ホワイトヘッド：経験の契機。
アインシュタイン：エネルギーの一形態。
ボーア、ド・ブロイ、ハイゼンベルク、シュレーディンガー：不確定な量子の波動。
エッディントン：最も空虚な空間。
ボーム：顕然秩序の形式。

このうちデモクリトスとデカルトの概念が最も常識の物質観に近い。前者が唯物論のチャンピオンで後者が二元論の王者なのは周知のことであるが、両者は物質観において共通性をもっている。つまり、両者とも心と形相を物質から排除しているのである。ただ前者が心を消去し後者がそれを非物質的存在の領域へと退避させるという違いがあるのみなのだ。しかし形相に関しては事情が違う。前者の原子論的唯物論においても後者の実体二元論においても、物質には形相が帰属させられないのである。これは物質に自己組織性や秩序の形成基盤を認めない思考態度を表しており、近代以降の機械論的自然観から派生した現代人の常識的物質観に親近的なものだと言える。

それに対してド・クワンシーが挙げた他の一四人の物質概念は、どれも常識からかけ離れたものであり、物質に謎めいた性質を帰属させている。とりわけアインシュタイン以降の現代物理学の泰斗たちの物質概念は常識からかけ離れている。

そもそも「物質」とは領域的科学としての物理学が定義できるものではなく、実在界の全般を存在論的に評価する哲学をもってそれは可能となる。つまり、分子や原子や素粒子の本性の解明は物理学の仕事だが、「物質」そのものの定義は、物理的なものと他の存在領域との関係の考察を含むので、哲学的存在論、つまり形而上学に委ねられるのである。形而上学（metaphysics）は、一般に超感覚的なものに関する思弁と憶測されているが、実は物理学（physics）の後に（meta）置かれた存在論的考察を意味する。つまり「続・物理学」という性質をそれはもっているのである。実際、アリストテレスは物理学者兼生物学者として自然の存在論を構築したし、現代の物理学者が物質の本質を説明したがるのは、彼らが存在論への哲学的志向性をもっているからである。

相対性理論と量子力学に代表される二〇世紀の物理学こそ素朴な唯物論的観念を根底から覆したものだとよく言われるが、その姿勢は実は古代ギリシアから今日に至る西洋の哲学者と科学者の間で脈々と受け継がれてきたものなのである。前掲の一覧ではデモクリトスとデカルトを除く一四人が物質に謎めいた性質を帰属させている。

原子論的唯物論や機械論的自然観は、物質に自己組織性や形相への関与を認めず、自然界の秩序形成の存在論的意味に目を開くことができなかった。しかし既にプラトンとアリストテレスは、ともにデモクリトスの唯物論に徹底的な批判的スタンスを取り、形相や目的性を含む自然界の秩序を重要な物理的契機とみなしていた。とりわけ自然物に形相を内在せしめるアリストテレスの物質観は重要で、この思考態度は現代における物質と情報の存在論的関係把握に強い影響を与えている。

それでは物質と情報の関係はどのように捉えればよいのだろうか。組織化や秩序形成に関係する情報の深い意味とともに、感覚や知覚や知識とも関連したその一般的意味も顧慮して、それについて考えてみよう。

3 物質と情報

アメリカの物理学者フォン＝バイヤーは、最近興隆してきた量子情報科学に関する啓蒙書において執拗にデモクリトスの原子論的唯物論の不毛さを指摘している。たとえば、彼はリチャード・ファインマンが物理学と情報を結びつけたゆえんに言及して次のように述べている。「ファインマンはある有名な一節の中で、情報は我々が追い求めている物質と精神のつながりをもたらすものだ、と主張している。原子やＤＮＡ分子、あるいは本やピアノといった、実体をもつ物体から溢れ出て、感覚が関与した一連の複雑な変化を経由し、最終的に意識をもつ脳に蓄えられるのは、この情報という簡約化可能で奇妙な存在なのである。情報は、物質的存在と抽象的存在、そして現実の世界と観念の世界とを仲立ちしている。もし情報の性質を理解し、それを我々のもつ物理的世界のモデルに取り込むことができれば、我々は客観的現実からそれを理解する知性へと至る第一歩を踏み出したことになる。デモクリトスの呪文は破られるだろう。そして物理学は、真の情報時代へと突入することだろう(8)」。

ここで言われている「デモクリトスの呪文」とは、感覚を介して得られる主観的な知覚の内容が客観的な物理的実在とは無縁のものであり、後者を捉えるためには前者を排除しなければならない、という存在論的主張のことである。長い間、物理学をはじめとする自然科学は主観性を排除することによって自らの学問的厳密性を確保しうるものと考えてきた。そして、その姿勢はデモクリトスの思想に淵源する。彼は、知性による客観的実在の把握と感覚による主観的知覚内容のギャップを強調し、前者を称揚していたが、それで済むわけではないということも認識していた。次の断片はそれを象徴している。(9)

知性：甘みは習慣に基づく。苦みは習慣に基づく。熱さは習慣に基づく。冷たさは習慣に基づく。色は習慣に基づく。現実には原子と空虚しか存在しない。

感覚：愚か者よ、おまえは私を打ち負かすための証拠を、私から引き出しているではないか。おまえの勝利は、おまえ自身の敗北を意味するのだ。

しかしデモクリトスは感覚の意見を十分斟酌することなく原子論的唯物論を推進し、その姿勢を後世の物理学者たちは存在論的基盤として無批判に受け容れてきたのである。ところが、実際には感覚による経験の仲立ちなしには原子や素粒子に関する情報は得られず、物理学的探究は一向に進まない。このことが、二〇世紀の物理学において観測者と観測対象の相互作用への着目から改めて認識されたのは周知のことであろう。問題は物理学的研究の基盤に存する哲学的前提なのである。

あらゆる科学は「存在するとはどういうことか」「真実在とは何か」という存在論的関心、ならびに「物事を真に知るとはいかなることか」「どこまで知ることができるのか」という認識論的視点を暗黙裡に探究の基盤に据えている。そして多くの場合、精神―物質、主観―客観という素朴な対置図式が無批判に前提されている。ところが、二〇世紀の物理学において、この素朴な図式に反省が加えられ、ついにそれらに含まれる対立項を仲介するような要素たる「情報」が着目され始めたのである。これは、前述のように物質→エネルギー→情報というふうに物理学の研究対象が抽象的なものへと進展したことを示しているが、同時にデモクリトスの原子論的唯物論がアリストテレスの形相―質料論に負けたことを象徴する出来事である。哲学史に少しでも通じている物理学者なら、このことはすぐに看取できるであろう。実際、フォン＝バイヤーはしきりにアリストテレスの形相概念の重要性を指摘している。

たとえば、彼は量子力学の泰斗ニールス・ボーアを引き合いに出しつつ、次のように述べている。「デモクリトスは、情報のもつ中継者としての役割を認めたり、あるいはそもそもそれを理解しようと試みたりしなくても、客観的な物質的世界は理解できるようになると説いたが、ボーアは、この幻想でしかない呪文から目覚めるよう、我々に求めたのである。ボーアによれば、我々は椅子そのものを見ているのではなく、情報を与えてくれる感覚的影響を受け取り、それを我々の脳が何らかの形で椅子という概念（アリストテレスの言う「形相」）へと処理しているだけなのだ。同様に、我々は原子そのものを見たり検出したり測定したりしているのではなく、原子に関する情報を集め、それを波動関数という数学的概念へとコード化し、そこから、将来の実験によって得られるであろう情報に関して予想を立てているにすぎないのだ[10]」。

ここで問題となるのは、我々の感覚作用ないし主観から独立した「客観的物質世界」とは、そもそも何を意味するのか、なぜそのようなものが想定されるのか、ということである。換言すれば、「客観的な物質的世界が〈理解〉できるようになる」とはいかなることなのか、ということである。「理解」とは観察主観による情報処理を含意する現象である。とすれば、純粋に主観から独立した客観的物質を想定してもあまり意味がない、ということになる。つまり、主観―客観という対置図式自体に重大な欠陥があり、それが災いして思考のアポリアにはまっているのである。

そもそも我々の豊かな経験世界は、主観と客観という二つの極の断絶からではなく、両者の統合から成り立っている。これはジェームズやホワイトヘッドが明示したことである。また、我々はそもそも世界の外に立って、それを観察する超越的認識主観ではなく、世界の意味連関の中に身体的に投錨した主体、つまり世界内存在である。これはハイデガーやメルロ＝ポンティが指摘したことである。物理学者の観測行為も、こうした経験性や世界内存在性においてなされるものであり、それらから独立した超越的客観としての物質系を扱っているわけではないのである。ただし、このことは物理学的探究の主観性を示唆する認識論上の相対主義として受け取られてはならない。物理学的探究に観測者の感覚が関与するということは、主観的相対主義を意味するのではない。それが意味するのは、物理的事象が世界の情報構造の一部をなし、それが情報感受能力をもつ人間の研究対象になる、ということである。こうした観点からすると、主観―客観という対置図式が情報と物質の二元的分離を生み出し、ひいては「情報を含んだ物質」ないし「情報としての物質」という概念の理解を阻んでいることが分かるようになる。つまり、情報は主観的なもの、物質は客観的なもの、というわけである。しかし、自然はこの人為的二分法には従わない。

とにかく、これまで多くの人がデモクリトスないし彼に類似の存在観に毒されて物質と情報の一体性に目を開くことができなかった。しかしアリストテレスの形相―質料論は既に情報と物質の統合性を予見していたのである。フォン＝バイヤーのような気鋭の物理学者が、それを明確に指摘してくれたことは、哲学者にとって大いに励みとなるであろう。

4　情報の実在性と世界の秩序

前節では感覚的要素を欠いた「客観的物質」という概念の虚構性を指摘し、「情報」に物質的存在と抽象的存在を媒介する地位を与えたが、それではまだ主観性の色合いから完全に抜け出せていないことになる。そこで、次に情報の物理的実在性について考え、そこから組織化と秩序形成の原理としての形相的情報の概念を看取することにしよう。

一般に「情報」は、それを受け取る認知主観の存在に依存する現象と受け取られている。特に日本語の「情報」はその意味で理解されやすい。そこで、情報はいわゆる「客観的実在性」をもたない主観的現象という存在論的地位をあてがわれる。それでは、DNAが受けもっている遺伝情報の伝達と複製は何を意味するのであろうか。この伝達と複製には意識的認知主観による情報の解釈が介入していない。つまり、この場合、情報は無意識的、自動的に伝達され複製されているのである。これは、情報が単なる主観的現象ではなく、一種の自然的実在性をもっていることを暗示している。

DNAは生命体の物質的秩序形成の基盤となっている。つまり、それはアリストテレスの言う形相に当たる。もちろん両者を単純に同定することはできないが、機能的性質はほぼ同じである。ところが普通、情報は「秩序形成の基盤」としてよりも知識やメッセージとして受け取られやすく、アリストテレス的な形相との関連性が着目されない傾向にある。

「秩序形成」というものを生物体の内部から自然環境にまで視野を広げて探索してみると、多くの自然現象ないし物理的現象にそれは見出される。また人間や動物の集団行動が形成する社会現象にもそれは看取される。これらの現象に共通するのは、パターンの自動的発現である。物理的現象において、それは、先述の雪の結晶やベローソフ・ジャボチンスキー反応のような明確な発現形態から、川の流れや雲の動きのような比較的不明瞭なものにまで及ぶ。とにかく自然界の物理的現象は、数理的―幾何学的に解析可能な秩序というものを備えているのである。ミツバチの巣の整合的形態（ハニカム構造）は、人間の意識的行動の低い形態としての本能的―身体的認知機能が介入した秩序形成とみなされる。その意味で、それは自然現象の無意識的秩序形成と人間による意識的秩序形成の中間に位置するものとして理解できる。

ところで、人間による意識的秩序形成には情報交換、つまりコミュニケーションというものが重要な契機として介入してくる。それは、町の一地域の数人の住民による清掃活動からオリンピックのような大イベントにまで及ぶ幅広い社会現象に見出せる。こうした社会的協力現象では、参加者によるコミュニケーションが計画の実現に大きな役割を果たす。すなわち、個々の構成員間の意識的情報交換が秩序というものを形成していくのである。そこで、おいおい「秩序」というものは「意識的情報交換」の結果生じた事後的産物のように受け取られる。そして、ここに秩序と主観的情報の乖離が成立するのである。しかし現実には、秩序というものは、イベントの参加者が意志を発動させ行動を開始する前に、既に「情報交換の先行的枠組み」を準備する形で世界に構造として備わっていたものなのである。このことは社会的レベルから生物的レベル、さらには物理的レベルの多層において言えることである。

まず社会的レベルでは、風習や制度や法律やメディアといったものが先行的枠組みをなしている。また生物的レベルでは行動遺伝学的要素や生態的契機が先行的枠組みをなしている。そして物理的レベルでは、圧縮空気の分子パターンとしての音声の伝播やインターネットの電子的環境といったものが先行的枠組みの役割を果たしている。こうした多層の先行的枠組みのおかげで言語や記号による意識的コミュニケーションが可能となっているのである。とすれば、「情報」というものは、メッセージや知識として現出する以前に、その半身を無意識的な「世界の秩序」に浸らせていたということになる。そして、このことを看取すれば、「情報」というものがもつ、主観性の枠を超えた「自然的実在性」を理解できるようになるであろう。

ここで言う「自然的実在性」はいわゆる「客観的実在性」とは違う、ということに留意してほしい。「客観的実在性」というのは、認知主観の関与なしに存在する現象を指した形而上学的概念である。しかし、この概念が既に思考の対象になっていることを顧慮すれば、その虚構性は明白である。現実には「主観から全く独立した客観性」というものは存在しない。物理法則も物理学者の観測的主観性（観測活動）に依存する自然的現象として、客観的実在性ならぬ自然的実在性をもっているのである。ただし、このことは物理法則が主観的現象として相対化される、などということは意味しない。それは、自然の中で活動する物理的観測主体と物理的自然現象との豊かな交渉を示唆するものなのである。我々はこうした自然的実在性の意味で「情報の物理的実在性」を理解しなければならない。

情報の物理的実在性を初めて明確に指摘したのはトム・ストウニアである。彼は次のように述べている。「〝情報〟は単なる人間の心の産物——つまり、我々が住んでいる世界の理解を助けるための心的構築物——ではなく、むしろ宇宙の一特性であって、物質とエネルギーと同等の実在性を有しているのである」[11]。また、次のようにも述べている。「宇宙における秩序への問いは数千年に渡って哲学者たちの関心の的であった。アリストテレスは秩序を実在の一部分とみなし、人間の心は感覚を通してこの秩序を発見する、と考えた。カントは秩序を人間の心の産物とみなし、我々人間が宇宙を秩序づけると考えた。この二人を仲介する立場に立つのが記号学の祖パースである。パースによれば、宇宙は実在する諸事物によって構成され、それらは我々が思念しようとしまいと存在する。我々は実在を直接経験する。しかしながら、実在に関する我々の観念は、先行する経験や歴史や目的に基づいて選択的に構築される。それゆえ、心が、実在に関する我々の個別的知覚を特徴づける秩序を構成するのである」[12]。

この二つの発言には七年の間隔がある。最初ストウニアは、情報の物理的実在性を人間の意識との関連を顧慮せずに論じていたが、その後「意味」の問題を顧慮して思索を深めた。それは同時に自然の秩序と人間の意識の関係を問う方向を示唆している。問題は、「意識による確認なしに存在する物理的実体としての情報」と「意識によって意味が認知される情報」の接点の解明ということになる。

ストウニアによると、情報は、エネルギーのように抽象的な量として物理的実在性をもっている。エネルギーは仕事をする能力であり、情報はシステムを組織化する能力なのであり、組織性は情報が物質やエネルギーと相互作用したことの現れである、と彼は考える。[13] また、組織性の根底には秩序があり、さらにその根底に情報がある、というふうに彼は考える。そのように捉えられた「情報」は、とりあえず人間の意識から独立して存在している。しかし、それでは「意味」という現象を介して意識に関与する、という情報の知識的側面が抜け落ちてしまう。たしかに秩序と組織性の物理的根拠としての情報という概念は重要だが、それが同時に人間の心の秩序や組織性の原理であることも示さないと片手落ちとなり、一般の人の賛同は得られない。

この点は、前掲の引用文における三人の哲学者の秩序把握の相違に関係してくる。アリストテレスは、秩序を自然界に客観的に実在する要素とみなし、それは人間の感覚によって捉えられる、と考える。それに対してカントは、秩序は自然界にではなく、我々の主観に形式として先験的に備わっている、と考える。そして、パースはこの二つの対立する立場を調停しようとする。つまり、アリストテレスは客観主義的、カントは主観主義的、パースは主観客観共存主義的ということになる。ストウニアは、このうちパースの立場を称揚し、秩序の超主観的実在性と人間の心の秩序の崇高性が両立しうると考える。[14]

たしかに人間の心の秩序は精緻であり、自然界のあらゆる秩序を凌駕しているように思われる。そこで、おいおいカントのような考え方が現れてくるのである。しかし、現実には人間の心の秩序も脳という物理的基盤の上に成立するものであり、自然の一部とみなしうる。そして、高度の情報処理システムとしての人間の脳は、生物進化の果てに生まれた「宇宙の子」である。そこで、「人間の心の秩序」と「宇宙そのものに備わる情報構造」の関係といったものが問題として浮上してくる。これは、前に述べた存在のカテゴリーと認識のカテゴリーを統合する上位のカテゴリーということに関係する。パースやホワイトヘッドといった実在論的宇宙論を構築した哲学者は、まさにこの上位カテゴリーの洗練を目指していたのである。それはまた、主観―客観対置図式の克服という、二〇世紀の哲学の猛者たちの志向性にも深く関係する。

湯川秀樹も言うように、情報は物と心の「間」である。[15]二〇世紀の哲学と物理学は、プラトンやアリストテレスの時代のように再び結託関係をもちうるようになった。そして、それは原子論的唯物論を破壊して、情報（イデア、エイドス）を万物の根源に据える方向性を示唆しているのである。

5 意識・情報・物質

意識は心的現象の中で最も抽象度が高く、それゆえ非物質性の刻印を帯びている。心的現象の中でも行動と密着し外部から観察できるものに還元しやすい要素は、物質との連続性が看取しやすい。それに対して意識は、主観性を核とし、外部からアクセスできない内面空間から発現するものなので、「手に取ってその重さが確認できる物体」という性格を帯びた「物質」の概念から程遠いものに思われるのである。また意識は、価値や道徳に関わり、言語的思考を伴うものなので、超動物的神聖さという印象が強い。実際、意識に当たる英語の consciousness はもともと良心にあたる conscience を意味していたのである。

しかし、このような意識の把握は事の一面を突いたものにすぎない。意識の機能を注意深く基底層に向けて探索していくと、「睡眠状態から区別される覚醒」という現象に突き当たる。この覚醒は、脳幹の賦活網様体と視床の働きに根差した生命的現象であり、動物にも広く観察されるものである。その上に、行動の制御を受けもつアウェアネス（気づき）がある。我々の日常生活のほとんどはこのアウェアネスによって自動的に制御されている。それは、動物が獲物を狙ったり危険を回避したりする行動と基本的に同じ認知機能である。つまり、それは行動と密着し、内省が生じる以前の意識機能である、と言える。そして、このアウェアネスの上に、「意識の主体が自分である」という自覚を伴った「自己意識」がある。これは人間に特徴的な意識の高い層である。

自己意識は、「行動を制御している主体は自分である」という強い自覚から発するので、「リカーシヴ（再帰的）な意識」とも呼ばれる。そして、この再帰性は言語的反省能力に基づいている。言語を媒介とした反省や思考や表象は、価値や質の選択的認知、ならびにそこから生じる人格性や個性に関わるので、超動物的神聖さの刻印を帯びることになる。それは、同時に物質性からの離反に置き換わる。デカルトの心身二元論と動物機械論、ならびにその影響を受けた言語学者（たとえばチョムスキー）が、言語的思考能力を伴った「自己意識」を心の王座に据え、ほとんど意識そのものの定義に置き換えてしまう姿勢は、このことに由来する。

それに対して、植物の栄養摂取能力にも心の存在を認めるアリストテレスの思想は、その形相─質料論と相俟って、意識・情報・物質の三者を統一的に理解するための手引きとなる。もちろん、植物の栄養摂取能力は感覚と行動と思考を伴わないので、意識の基底層にすら届かないように思われる。しかし、それには生命体の形相実現の基盤という役割がたしかに備わっている。植物であれ、動物であれ、人間であれ、栄養摂取能力は、有機体の生理的活動の秩序形成の基盤である。また、言うまでもなく、それは生命維持のための必要条件である。

我々はあまりに反省できる意識内容とその主観性に取り憑かれて心というものを把握してしまっている。しかし、この姿勢を批判するために唯物論や無意識理論に反転しても無駄である。むしろ意識を「経験」の方向に乗り越えて、そこから情報との接点を探った方が得策だと思われる。

先述のようにジェームズやホワイトヘッドは、主観と客観の対立を超越し、心と物質を両極として包摂する「経験」を万物のアルケーとみなした。この「経験」は、意識の三階層（覚醒、アウェアネス、自己意識）に当てはめて言うと、自己意識の上に位置するもので、個体性を超えた現象的性質を示唆している。そして、個体性を超えているがゆえに、「世界の情報構造」を直接反映しているとみなされるのである。つまり、経験の主体は、再帰性の強い自己意識にまといつかれた「私」ではなく、情報構造をもった「世界」と一体となった「自己」なのである。そして、この「自己」は「経験そのもの」と表現されてしかるべきものである。この見解はあまりに形而上学的すぎて分かりにくいかもしれない。そこで次のことに注意を促そう。

我々の経験はたしかに内面的プロセスをもっているが、そのプロセスの内容は外部世界の情報構造を転写したものとみなしうる。純粋に内発的な経験の構築というものは、ありそうでないのである。我々の認知システムの基盤をなす、脳を中心とした神経システムは、神経細胞の核の中の遺伝子に先天的にプログラムされた情報、ならびに生誕時の脳の神経回路網の基本構造を備えている。これが認知と経験の先天的基盤となるのだが、これだけでは実際の経験は発動しない。先天的要素と後天的な世界の情報構造が共鳴しない限り、経験は発動しないのである。「世界の情報構造」とは、自然環境の秩序と社会環境の秩序、さらに生物種間のコミュニケーションを含む多層的なものである。物理法則によって表現される自然現象、法律や政治、歴史や風習といった社会的現象、書籍や新聞やインターネットといった様々な情報媒体、そしてそれらの集積たる文化の秩序、こうしたすべての現象が、「〈私〉の外にある世界の情報構造」である。こうした外的情報構造が内的認知システムによって受容されて、初めて経験が生起するのである。それゆえ、経験の主体（担い手）は、「内的意識のプロセスに自らの構造を反映せしめる〈外部世界の情報構造〉の相即体としての〈経験そのもの〉」だということになる。

「自己と世界」という問題は、古くから哲学の中心課題であった。プラトンとアリストテレスにおいては、「世界を構成する自我」という観念は希薄であり、情報構造としてのイデア（ないしエイドス）と世界（コスモス）の関係が関心の的であった。それに対して、デカルト以降、「世界に対峙し世界を構成する自我」という観念が優勢となり、本来世界に帰属されるべき「情報構造」というものが、自我の主観の形式として内面化される破目になった。

ところが二〇世紀なると、反近代哲学主義が勃興し、再び客観的世界の優位性が主張されることとなった。こうして、経験の主体は「世界内属的自己」ということになり、自己と世界の分断が緩み、世界の情報構造が内的意識の秩序に反映することが認識された。

こうした潮流が、いわゆる「精神と物質」という周知の問題系に影響を与えないはずがない。デカルトを代表とする近代哲学においては、精神と物質は大方二元対立の相において捉えられており、この思考傾向は現代人の常識ともなっている。しかし、経験の主体を世界の情報構造とみなす思考法においては、「物質に対立する内的意識」という観念が消尽点へと向い、その代わりに「情報構造という秩序を伴った物質系」という概念が、自己と世界の分断を打ち破って現れてくる。つまり、「情報構造」というものが、自己と世界、内部と外部、主観と客観、精神と物質といったすべての二元対立を止揚する形で、その包摂的在り方を示すのである。

しかし、繰り返すが、こうした思想は唯物論、とりわけ原子論的唯物論とは相容れないものである。原子論的唯物論は、物質系から時間と生成の要素を剥奪したものであり、有機的自然の働きを捉える力が全くない。それゆえ、物質的自然界における創発的秩序の形成に目を開くことができない。この形相を失った物質哲学は、意識を消去するか、二元論的に物質界から精神世界に追いやるか、のいずれかである(16)。

人間の意識は生物進化の過程で創発した心的特性である。しかるに、生物進化ないし生命の進化は宇宙そのものの進化に根差したものであり、後者から切り離して考えることができない。そして、宇宙の進化は、エントロピーの増大による宇宙の熱的死に逆らう、秩序の形成という面をもっている。宇宙が「単なる物質」の集まりだとしたら、これは成り立たない。それが「情報構造」をもっているからこそ進化し秩序を形成しうるのである。

湯川秀樹の影響を受けた生理学者・品川嘉也は、次のように考える。「宇宙開闢（ビッグバン）から間もないころ、宇宙の膨張により、情報のゆらぎを通してエネルギーから物質の世界が作られた。次いで、物質は反応してエネルギーを生じ、エネルギーは散逸して情報を作り、情報は多様な物質の構造を作る。このようにして宇宙は展開してきた[17]」。これは、情報構造を基底に据えつつ、宇宙の生成・進化を「情報とエネルギーと物質三者間の循環」として捉えることを意味する。品川は、プリゴジンの散逸構造論を改釈して、大胆な情報の形而上学を展開した。そして、それは同時に情報を物と心の間に置く湯川の構想を受け継ぐものであった。

品川の宇宙の情報構造論は今のところ仮説にとどまっているが、プラトンとアリストテレスからホワイトヘッドへと受け継がれた宇宙の秩序の思想は、今日「脳と心」という問題系とも接点をもちつつ、多方面から関心を集めている。脳も宇宙も情報構造によってそのシステムが形成される物質系である。しかも前者は後者の進化によって生じたものである。とすれば、「個人の意識の質料因としての脳」と「その個人が置かれた情報環境としての宇宙」の間には構造的相即性がある、ということになる。ちなみに、意識は身体性を伴った世界内存在なので、質料因としての脳に対して脱自的関係にある。これが、脳の物質的組成と生理学的プロセスと情報処理機構を調べただけでは意識の本質が分からない理由である。つまり、意識の質料因を調べただけではその本質は分からないのである。その本質を知るためには形相因も付加して考えなければならない。そして、この形相因に当たるのが、脳と世界の両者を包摂する情報構造なのである。

情報構造というものはカテゴリーと深く関係している。カテゴリーには存在に関するものと認識に関するものがあるが、両者を統合するようなものも想定される。意識の構造を規定する諸々のカテゴリーは、外部世界の存在を規定するカテゴリーから切り離せないものであり、両者の間には相即性が成り立っている。そして、このことは心と物の関係にも当てはまる。「存在の重み」とか「存在の耐えられない軽さ」といった表現は、物的カテゴリーを心的価値評価に転用した、単なる比喩として受け取られてはならない。心的カテゴリーと物的カテゴリーは相互に転換しうる性質的相即関係にあるのだ。そして、その奥に控えているのが宇宙（ないし世界）の情報構造なのである。

ちなみに物的カテゴリーと存在のカテゴリーは違う。存在とは物体ないしその集合体を名指したものではない。むしろ、それらが現れる「場」といったものを「存在」は意味するので、「世界」という現象とかなりオーバーラップする。そして、意識が世界から切り離せないとするなら、存在のカテゴリーは意識の構造に深く浸透していることになる。このことを顧慮して我々は意識・情報・物質三者の関係を捉えなければならないのである。

注

（1）W・ハイゼンベルク『現代物理学の思想』河野伊三郎・富山小太郎訳、みすず書房、一九七〇年を参照。

（2）C・F・v・ヴァイツゼカー『自然の統一』斎藤義一・河井徳治訳、法政大学出版局、一九七九年を参照。

（3）ここに概略を示すチャルマーズの思想は次の二著作による。D. J. Chalmers, *The Conscious Mind: In Search of a Fundamental Theory*, Oxford University Press, 1996, Facing up to the Problem of Consciousness, *Toward a Science of Consciousness*, ed. S. R. Hameroff, A. F. Kasazniak, A. C. Scott, MIT Press, 1996, pp. 5-28. また、拙著『脳と精神の哲学——心身問題のアクチュアリティー——』萌書房、二〇〇一年、『意識の神経哲学』萌書房、二〇〇四年も参照されたい。

（4）J・ホーガン「意識は科学的に説明できるか」（松本修文訳、『日経サイエンス』一九九四年九月号）を参照。

（5）C・コッホ『意識の探求——神経科学からのアプローチ——』（上）、土谷尚嗣・金井良太訳、岩波書店、二〇〇六年を参照。

（6）Cf. B. Russell, *The Analysis of Mind*, IndyPublish, McLean（竹尾治一郎訳『心の分析』勁草書房、二〇〇四年）

（7）C. de Quincey, *Radical Nature: Rediscoverring the Soul of Matter*, Invisible Cities Press, Montpelier, 2002, pp. 72f. ちなみに（☠）は筆者が付加したものである。

（8）H・C・フォン＝バイヤー『量子が変える情報の宇宙』水谷淳訳、日経BP、二〇〇六年、三九ページ（なお本書からの引用に際しては筆者の文脈に合わせて語句を少し変更してある）

（9）H・C・フォン＝バイヤー、前掲書、三五ページ

（10）H・C・フォン＝バイヤー、前掲書、三〇六ページ

（11）T・ストウニア『情報物理学の探求』立木教夫訳、シュプリンガー・フェアラーク東京、一九九二年、一一一ページ

（12）T. Stonier, *Information and Meaning: An Evolutionary Perspective*, Springer, New York, 1997, pp. 1f.

（13）T・ストウニア、前掲書、二六ページ以下

（14）T. Stonier, *op. cit.*, p. 2

（15）湯川秀樹・梅棹忠夫『人間にとって科学とはなにか』中公新書、一九九七年を参照。

（16）この点に関しては次の文献から示唆を得た。C. de Quincey, *op. cit.*, A. N. Whitehead, *The Concept of Nature*, Prometheus Books, New York, 2004（藤川吉美訳『自然という概念』松籟社、一九八二年）, *Science and the Modern World*, The Free Press, New York, 1997（上田泰治・村上至孝訳『科学と近代世界』松籟社、一九八七年）, 池田善昭『システム科学の哲学――自己組織能の世界』世界思想社、一九九一年

（17）品川嘉也『意識と脳――精神と物質の科学哲学――』紀伊國屋書店、一九九〇年、三九ページ以下

第5章　社会の情報システムと個人の意識

はじめに

情報社会の中で生きる個人の在り方を論じた文脈によく現れる表現として、「情報の洪水の中で自分を見失わないようにしなければならない」というものがある。とりあえずご立派な意見ではあるが、よく吟味してみると、こうした考え方には情報と自己意識双方に関する深い見識が欠如していることが分かる。

まず、これまで論じてきたように、情報は「洪水」という比喩によって括られるような「量的現象」に尽きるものではない。また、「自分を見失わないようにする」という姿勢が「情報の洪水」に対置されると、自己意識の本質が公共性に対する「私秘性」へと貶められる危険性が生じる。つまり、「情報の洪水」対「私秘的自己」という対置図式が、情報と自己意識双方の深い意味から目をそらさせ、両者の関係を精確に把握することを妨げるのである。それでは社会の情報構造とその中で生きる個人の意識の関係を的確に捉え、情報倫理を確立し、各人が本来的自己を実現していくためには、どのような問題設定が望ましいであろうか。

情報はメッセージや知識という主観的性質には尽きない形相的本質をもっている。ニュースや書物に込められたメッセージは「量」に換算できると同時に「質」も備えている。よく「この本の情報量は多い」とか「あのニュースの情報の質は高い」とか言われるが、こうしたことは、情報の量と質というものが相互に排除し合うものではなく重なる部分をもつことを示唆している。たとえば、「この本の情報量は多い」ということは、その本が単にページ数が多いということではなく、読者にとって有益な、つまり質の高い情報が多く含まれているということを意味する。情報量の最も単純な換算法は、周知のようにそれをビット数に置き換えることである。音楽ＣＤや映画のＤＶＤが何メガないし何ギガだ、あるいはそれを情報処理するパソコンのハードディスクの容量が何ギガでメモリが何メガだ、というのはその代表例である。しかし「この本の情報量は多い」という場合の「量の多さ」は、そのような換算法では捉ええない性質のものである。

読者にとっての「情報量の多さ」は、そのまま「質の高さ」を意味する。たとえば、政治学のレポートを書こうとしている学生にとっては、一〇〇〇ページの芸術学の本よりも二〇ページの政治学論文の方が、はるかに情報量が多いことになる。特にその論文がレポートのテーマに合致している場合、そうである。同様に、東京在住の鳥取県の人が郷里の地震速報や大事件のニュースを東京で聞いた場合、時間にして二分たらずのビット数の少ないメッセージは、東京人には計り知れない「濃い情報」だということになる。

社会の中には、このような情報を取得し、保存し、伝達する様々なメディアが存在する。つまり、社会というものは情報システムをもっているのである。そうした社会の情報システムの中で我々は生活し、情報交換し、そこから自己意識というものを醸成していくのである。

情報交換、つまりコミュニケーションは、音声言語や文字を中心とした記号によってなされる。そして、言語や記号は「有意味シンボル」である。こうした「意味をもったシンボル」を媒介として我々はコミュニケーションしているのだが、その過程が内面化されると自己意識が生じるのである。これは哲学者兼社会心理学者のミードが指摘したことである。彼は言語の根底にジェスチャー会話を置く。これは意識を行動と密着させて考え、かつ身体性の関与を重視する態度を表している。(1)

身体性を欠く無機的情報交換は、会話の質を低下させ、個人の自己意識形成を悪い方向に導く。今日、興隆を極めているパソコン（インターネット）や携帯電話における文字だけの情報交換は、「生きた対話」から程遠いものである。伝達が瞬時に行われ、伝播の範囲も無限大に近い。ビット数に換算したら大変なものである。しかし、それに反比例するかのように、質は低くなっている。

「生きた対話」とは、文字通り「生命」ないし「いのち」が通ったものである。それは、面と向って話し合い、自分が言ったことに責任をもつ、という姿勢に裏打ちされている。ところが、顔が見えず殴り返される心配がない、ネット上の文字会話（たとえば2チャンネル）では無責任と軽薄さが横行する。こうした身体性の欠落は、自己意識の矮小化を引き起こさずにはいない。つまり、「身体性の欠如した情報の洪水」から退避する形での「非社会的自己への退行」が起こるのである。こうして、冒頭に挙げた「情報の洪水の中で自分を見失わないようにしよう」という擬似真理が民衆の心を捉える破目になる。

そこで、真の自己実現を導くような方向性において「社会の情報システムと個人の意識」という問題に対処することが要求される。それは同時に、この本の主題たる「情報の形相的本質」の解明に深く寄与することになるであろう。つまり、情報の身体的対話の次元における「質」を単に主観性の次元で理解するにとどまらず、客観的社会過程そのものに備わる「情報構造」も顧慮しつつ、この問題に対処しようとするのである。

考察は次の順序でなされる。⑴社会内存在としての人間の意識。⑵情報構造としての社会。⑶意識・行動・情報。⑷文化的遺伝子ミームをめぐって。⑸社会の情報システムと個人の意識。

1　社会内存在としての人間の意識

多くの動物がそうであるように我々人間は群れをなして生活する。また、少数の動物がそうであるように集団を形成せずに単独で行動する。このように人間は集団性と単独性を兼ね備えた生物であるが、自分の行動と意識内容をモニターする能力において他の動物をはるかに凌いでいる。そして、この能力は他者の内面を推察する機能と表裏一体の関係にある。

人間が集団で形成する「社会」は、アリやミツバチやゾウに見られる群生様式の延長上にある生物的現象だが、自己の内面をモニターし他者の意図を推察する意識能力を駆使したコミュニケーションによって、諸々の「制度」を築き上げたという点で傑出している。すなわち、動物の群生ないし集団行動と人間の制度的社会の間には生物進化上の著しい躍進があるのだ。そして、それは人間における意識と社会の循環的相即関係によって生じた現象である。

我々は、みな三歳頃に自己意識の原型を獲得し、他者との交渉を経て、最終的に成人の社会的自己意識を熟成させる。しかし、この過程は逐次モニターされたものではないので、「誰が、いつ、どのようにして」自己意識を獲得したかは明確ではない。「いつの間にか」自分であるという意識が生じていた、というのが大方の趨勢である。そもそも「意識」とか「自己」というものは、空間的定位に逆らい時間的にも追跡しにくいので、物体性のないふわふわした虚構物のように思われるのである。たとえば、この家がいつできて、いつからそこに住んでいたかは明白だが、自己意識にはその把握法が適用できない。そこで、抽象的思考が苦手な人たちは、自己意識についてお座なりに済ませたがるのである。ちなみに、この態度の背景には、我々のうち九九・九九パーセントが他者とのコミュニケーションを欠いた特殊な非社会的環境で育つことがない、という事実が控えている。

我々の自己意識は他者とのコミュニケーションとそれを包む社会的環境の恩恵の下で生まれた能力である。しかし、自己意識の中核に存する「内的モニター機能」に日々アクセスし続けていると、意識というものがもっぱら自己の内面から発生する現象のように思えてくる。もちろん、意識のもつ内的モニター機能へのアクセス権は各人のものであり、他者が外部から侵入することはできない。そこで、自己意識、ひいては意識そのものが外部環境から切り離され、私秘的内面界へと引き込まれる破目になる。ここには「意識のトリック」が介入している。そして、それは自然的な発生過程を人為的な権利要求と確認能力によって歪曲してしまうことを意味する。幼児期から少年期にかけての意識の生成は曖昧模糊としたもので内的モニター機能によって十分追跡できないのだが、思春期以降モニター機能が飛躍的に進歩した「成人の意識」の視点に立つと、かつての発生過程が近視眼的に遠のいてしまって、今現在の構成能力が過度に信頼されてしまうのである。そこで生じるのが、無意識的情動や身体性と密着しない、いわゆる「非物質的心性」としての自己意識という観念である。そして、この観念は、自己意識のもつ公共性と社会的脱自性から目をそらさせてしまう。

我々のうちのほんの僅かな人（数億人に一人）が、他者との交渉を全く欠いた非社会的自然環境で育つことになる。その代表は、有名なアヴェロンの野生児ヴィクトールである。彼は、幼児期に野原に捨てられて動物的な単独生活をしていたところ、十数歳で捕獲され再教育されたが、約四〇歳で死ぬまで人間的社会性とそれに付随する自己意識というものを獲得できなかった。自己意識があればどういう感情表出をし、他人に対してどういう態度で接するか、ということから、それは言えることである。そもそも彼は、教育者である医師の必死の努力にもかかわらず、ほんの僅かな話し言葉（単語程度）しか習得できなかったのである。(2)

この野生児の症例は、いわゆる人間らしさと自己意識が他者との社会的交渉なしには決して生まれないことを示している。しかし、このことに関して「眉唾もの」という感慨を抱く者もいるであろう。しかし、そうした人は「社会的恩恵の下で既に出来上がった自分の意識」の視点を過度に信頼しているにすぎない。ヴィクトールのような完璧な野生児とロビンソン・クルーソーや横井庄一さんを混同してもらっては困る。たいていの人は、後者のような漂流者のイメージで野生児の意識機能を推察してしまうのである。とにかく、自己意識を中心とする意識機能は、他者との社会的コミュニケーションなしには生まれない。このことを銘記して我々は社会内存在としての人間の意識を理解しなければならない。

ちなみに、このことを理解するための手助けとなるのは、従来の単純な主観―客観図式を乗り越えて、人間を

「世界内存在」ないし「環境の中で生きる有機体」として捉えた二〇世紀の哲学者（ハイデガー、メルロ＝ポンティ、デューイ、ホワイトヘッドなど）の思想である。こうした考え方によれば、人間の意識は「世界の外部にあってそれを客観として構成する主観」としてではなく「身体的行為を伴って環境世界の諸事象へと脱自的に関与する主体」として理解される。つまり、ここでは「意識と世界」は「主観と客観」の関係のようには捉えられていないのであり、両者の相互浸透が身体性を媒介として深く自覚されているのである。換言すれば、意識は「身体的生」として行動と不可分であり、後者を介して世界と一体となっているものとみなされるのである。こうした世界内存在ないし環境内有機体の概念はそのまま社会的次元に応用できる。すると、「社会内存在としての人間の意識」というものがすんなり理解できるようになる。

「社会内存在」とは、社会の中で生きる人間の存在様式を指す概念だが、ハイデガーの「世界内存在」が単に「世界という幾何学的空間の中の一点を占める」ということを意味しないのと同様に、「社会という座標空間の一点を占める」ということを意味するものなどではない。ハイデガーの言う「世界」は「有意義性の指示連関」を内実とし、その中に存在するということは「意味を看取しそれに基づいて行為する居住様式」を意味する。(3) それと同様に、筆者が「社会内存在」と言う場合の「社会」は、特定の地域の定量的空間性ではなく、一つの「社会的意味連関」を指し、その中に存在するということは「そうした意味連関を理解しつつ生活する」ということである。そして、この社会的意味連関には言語によるコミュニケーションというものが深く関与している。しかし、それに関与するのは言語だけではない。道路や鉄道などの交通網、都市の区画整備、ビルの建ち並び方といった物質的要素のシステム的配置もまた社会的意味連関を直接指し示している。ちなみに、こうした要素も記号《シンボル》的機能をもっている。それゆえ、それらは言語と同様に社会の「情報構造」の一翼を担っているのである。

また、人間の行動様式や生活形態から派生してくる風習、流行、社会情勢といったものも社会的意味連関を示唆する現象である。さらに、行政や立法によって設定される諸々の制度や法律もそれに含まれるが、客観性と固定性という点で際立っている。これらはすべて社会の情報構造を形成する要素として、その中で生活している構成員の意識の内容に深く食い込んでいる。

意識とは、もともと他者との社会的共同生活を営むための道具として生まれた認知機能である。そしてそれは、前述のように個人が内面から独力で生み出せるようなものではない。群生様式に秩序を与え、区画を整備し、制度や法律を充実させるために「意識」は各人に宿るのである。先験的意識が最初にあって、それからコミュニケーションに参入し、諸々の社会制度を作り出すのではない。他者との無意識的な共同行動が最初にあって、それに追従するように内面的意識が生じるのである。つまり、ミードが言うように、内面的意識に社会的行動が先立つのである。それゆえ「社会内存在としての人間の意識」というものを理解するためには、「集合的心性としての共同的社会」と「個人の内面的意識」の循環的相即関係を前者優位の形で把握しなければならない。

そもそも我々の内面的意識の内容を形成するものはすべて外的社会環境から移入されたものである。我々が単独で生み出せるものなど何一つない。ただ個人の認知生活における情報処理のパターン形成が、その人の履歴に左右されて、独特の個性をもつだけなのである。たとえば、A君は山形県のS市に昭和六〇年に生まれ、東京のH大学経済学部を出て、どういう趣味をもち、どういう読書傾向にあるか、ということが基礎となってA君の意識内容は形成される。ただし、これだけでは同世代の青年の二割と大差がない。問題はA君のこれまでの生活履歴と思考経歴である。こうした契機が加わると、A君の個性的意識内容が他から際立つことになる。つまり「他ならぬA君の心」が生まれるのである。そして、それはA君が他人の共有できない「この世界の空間の一点」を占め続け、独自の時間的プロセスを経験してきたことに由来する。

たしかに我々各人は時間空間的に唯一無二の存在様式をもっている。しかし、それはパースペクティヴと履歴の違いを意味するのみで、意識内容が他者と断絶した個別性をもつことなど指し示さない。「どういう時間にどこで何をしたか」ということも、その内容に照らしてみれば大差はないのである。そして、その内容を形成するのは、各人に無差別に降りかかってくる社会の情報構造である。たとえば、「何年の何月何日に何を着て、どういう体調で、どこに行ったか」ということは、A君なりD子さんにとっては「唯一無二」のように一見思われるであろうが、時空的個別相を剥ぎ取れば、その内実は社会情勢や風習や流行によって規定された「共通性」ないし「通俗性」として顕わになる。

我々人間は、根本的に社会的共同存在であるがゆえに孤独でありうるのだ。それに対して、岩や机は社会的共同存在性をもたないので、孤独ではありえない。もちろん、情報構造というものを物理的自然界にまで拡張して考えれば、意味の指示連関は岩や雲にまで及び、個別的存在性というものがそれらに適用できるであろうが、やはり社会的意味連関から反照する個人の意識としての「孤独」は適用できない。つまり、高度の社会的生物としての人間の場合、内面的意識へと向かう「存在様式」が、社会の情報構造によって深く影響されているのである。

我々は社会の中に生まれ社会の中で死ぬ。反社会的な思想や行動も社会という情報構造が先行的にあるがゆえに生じる現象である。そして、個人の意識に形式と内容を付与するのは、各人の神経細胞の核内の遺伝子に先天的に埋め込まれた生命情報とともに社会の情報構造である。これら二つの情報因子が共鳴して、初めて「社会の中で目的をもって生きる各人の意識」が生まれ、そこから人生に意味を見出し、社会を改革していこうとする意志が各人に授けられるのである。それゆえ「社会内存在としての人間の意識」というものを深い次元で捉えるためには「情報構造としての社会」というものを精確に理解しなければならないことになる。

2　情報構造としての社会

我々は日常「社会」という言葉を頻繁に使っている。しかし、その意味は意外と明確ではない。特にその存在論的意味を問われると困惑してしまう。存在論的意味とは、問われている対象が実在界のどの階層に属するのかに関するものである。実在界には物質、自然、生命、時間空間、心、観念といった多様な層があるが、社会はこのうちどの層に近縁性をもっているだろうか。「社会」は、物質のように定量化して客観的に把握できるものなのか、それともその内包と外延が流動的で定量化に逆らう主観的観念のようなものなのであろうか。これを簡略化すると、「社会とは客観的存在なのかそれとも主観的存在なのか」ということになる。

しかし、この二者択一は間違っている。社会は主観的でも客観的でもない存在であり、その存在論的地位は物と心の間としての「情報」と類似している。また社会の本質は、それがどういう物質から成り立っているかということよりも、どういう「構造」をもっているかということの方に深く関係している。こうした点を顧慮すると、社会というものの本性が「情報構造」であることをすんなり理解できるであろう。

社会というものは、二人以上の人間が情報交換して一つの構造を作れば生じる「コミュニケーション空間」である。その源泉は、言うまでもなく母と子の関係にあるが、この対話・交流関係が三人、四人、五人と数を増し、近所仲間、街の一地域、学校のクラス、市町村、県、国といったふうにその範囲は拡大していくのである。そして、拡大していくにつれて直接の対話や触れ合いを欠いた「情報の共有仲間」が増えることになる。我々が普段「社会」と言う場合、こうした広範囲の不特定多数の構成員からなるコミュニケーション空間を指すことが多い。

ところで、コミュニケーション空間とは「意味の社交場」でもある。そして、そこには共通の言語使用による概念の共有ということが介入してくる。日本の場合には、方言の違いを超えて、標準語による観念形成や事象理解がほぼ全国共通となっている（大阪をはじめ一部地域は除く）。もちろん地域や世代によって若干差異はあるが、同じ国の歴史を背負い、共通の法律に従い、社会秩序や生活習慣を共有する国民の意識の構造は基本層において深い共通性をもっている。そして、このことは暗黙知の形成に関わっている。

ここで「意識の構造」ということを言ったが、これが社会の情報構造と相即関係にあることは、注意深い読者ならすぐに分かるであろう。精神分析学者（精神科医）土居健郎のロングセラー『甘えの構造』は、日本人の意識構造を日本社会の人間関係の在り方から捉えたものであり、その分析内容は海外でも高い評価を受けている。土居の言う「甘え」とは、個よりも集団を重視し、滅私奉公的倫理を重視する日本人の他者依存性を指したものである。ちなみに日本語の「甘え」に直接該当する欧米語はないが、あえて英訳すればdependenceとなる。これは意訳として極めて的を射ている。つまり、日本人は基本的に「他者に依存しないで独立の自己を確立すること」から逃避し、徒党を組んで弱い自我の傷を舐め合う心性をもっているので、「依存（dependence）」が各人の意識の構造を根底から規定しているものとみなされるのである。(4)

こうした依存的人間関係は、「家」を基本とし、学校や会社や様々な組織へと拡張されていく。しかし、構成員の真の個我が確立されないままでの共同体形成なので、色々な弊害が生まれる。個人の実力よりは派閥や縁故を重視し、革新的意見を弾圧して因習にしがみつき、身内には優しいが外部には厳しい、といった傾向がその代表例である。そもそも日本では「田辺繁雄」というふうに、ファースト・ネームが本人の名前「繁雄」ではなく、名字「田辺」である。欧米なら「繁雄・田辺」となり、本人のアイデンティティが重視されるが、日本では「田辺」という「家」がまず重視され、それに「繁雄」という個人が従属するものとみなされるのである。

日本人は基本的に「その人本人がどういう人なのか」ということよりも「その人がどこに属しているのか」とい

うことに関心をもち、それをその人の評価にそのまま置き換える性向を有している。代表的なのは「その人がどの大学出身か」という関心のもち方である。聞きたいのは、「その人が大学時代何を専攻し、どれだけ勉強し、いかに優れた卒業論文を書いたか」ということではなく、とにかく「どこの大学を出たか」ということなのである。「東京大学です」という返事を聞くと誰もが感心の溜息を吐《つ》くが、「専修大学です」と聞くと「あー、あそこね。お気の毒様」と内実を問わないで低評価を下す。東大出身者が在学中遊び呆けていたのに対して専修大出身者は猛勉強して司法試験に受かった、とかいうことには全く関心がない。とにかく、「その人がどこに属していたのか」が関心の的なのである。出身県に関しても同様である。首都圏では東京と神奈川が高く評価されるが、千葉と埼玉は内実を問わないで見下される傾向にある。しかし実質を見ると、千葉の市川や埼玉の浦和の高級住宅街は東京の城北・城東地区のスラム化した住宅街をはるかに凌いでいる。ところが、「情報の流通」という経路からすると、価値評価は「帰属地」を指標として均一化されてしまうのである。

　こうした価値観やその根底に存する意識の構造は、コミュニケーション空間内で情報交換を繰り返すと、社会の情報構造を固定化することになる。そして、このようにして固定化された社会の情報構造が、逆に人々の意識と行動の先行的枠組みとして機能するようになる。それは、「どこ住むか」「どの大学に行くか」「どの本を読むか」「どの番組を観るか」「何を着るか」「何を買うか」を決定するための動機づけとして働くのである。たとえば、仲間との毎日の会話、ネット上の話題、広告、噂、ニュースといった情報要因は、個人の意識と行動を左右し価値観と生き方に影響を与える。それは「流行」という言葉通り一時的なことが多いが、地域や国の単位で長い間因習化することもある。

　以上に述べたことは社会心理学的事柄であるが、本節の冒頭で述べた「社会」というものの存在論的地位というものに焦点を当てると、「情報構造としての社会」というものが前章で述べた「宇宙（世界）の情報構造」の部分的形態として顕となる。宇宙ないし世界は自己組織化するシステムである。それと同様に社会も自己組織化するシステムなのである。そして、これらシステムはすべて「情報構造」というものが中核をなしている。そして、社会の場合は、その構成員が意識をもった生命体としての人間なので、情報構造の発現に特殊な二重性がある。つまり、一方で個人の意識構造があり、これが社会の情報構造の形成の源となるのだが、他方で一旦形成された社会の情報構造がトップダウン的に個人の意識に働きかけるのである。ただし、ここで個人の意識構造と社会の情報構造を切り離して理解してはならない。両者の間には循環的相即関係が成り立っているのだ。

そもそも他者との社会的情報交換（コミュニケーション）なしには個人の内面的意識は生じないし、構成員としての個々の人間を欠いた社会というものは存在しない。社会は物理的システムのように能動的意志を欠いた原子の集まりではないのである。そこで、こう言える。社会は、人間の意識的共同作業によって生まれた秩序なので間主観性という意味での主観的性質をもち、同時に個々の構成員の恣意に服さない共同の秩序、ならびに個々の構成員の主観に依存しない客観的存続性をもつという意味で客観的性質をもつのである、と。これは特に人の手が加わっていない自然界の物理現象に対置するとよく分かると思う。人間の共同主観性によって構築された社会は、同時に半ば物理的な客観性を備えているのである。

ちなみに、ここで言った社会の「主観的であり、かつ客観的である（S⊃O）」という規定は、先に述べた「主観的でも客観的でもない（〜S⊃〜O）」という規定と何ら矛盾しない。両規定は観点の相違を表しているにすぎない。そもそもS⊃Oであるためには〜(S⊃O）でなければならない。つまり、両義性は二者択一性の排除を含意しているのである。こうしたことはすべての中性的存在規定に当てはまり、両規定間の矛盾を突くことは揚げ足取りでしかない。「情報」というものが物と心の間として中性的存在の代表だということは、これまで何度も触れてきた。社会というものは、人間の主観性が関与して構築される秩序なので、その情報構造としての在り方が他のシステムよりも心的性格が濃いのである。しかし、その本質は他のシステムと同様、情報によって自己組織化が促される、という点に存する。

それでは、「情報によって自己組織化が促される」ということは、社会の中で行動する人間の意識に着目すると、具体的にはどういうこととして現れるのだろうか。次にそれについて考えてみよう。

3 意識・行動・情報

我々の認知システムは、情報を感知するとそれを内的に処理して行動へと出力する。この内的処理過程が、とりあえず意識と呼ばれるものである。しかし、内面は外的社会環境から分離・断絶したものではないので、意識の内面性は純粋なものではなく、行動への性向を秘めたものとして世界に対して開かれている。換言すれば、意識は身体運動を介して内面を脱する性質をもっているのである。つまり、意識は行動の潜勢態として、外的世界へと開かれた情報処理機構なのである。

ところで、我々の意識は秩序を備えたもので、エントロピー（無秩序さの度合い）の増大を回避する自律的機能をもっている。意識のエントロピーが増大する典型例はうつ病と神経症である。この二つの病は、かつて合わせて神経衰弱と呼ばれていた。そして、この症状に見舞われて、意識のエントロピーが最大限に高まった代表例が、晩年（といっても三〇代前半）の芥川龍之介である。周知のように、彼は三五歳のとき服毒自殺した。その二年前から彼は自殺のことばかり考えていた。そこで、晩年の彼の作品には、「死へと向かい、憔悴しきった自分」と「それを見つめる作家の透徹した意識」の共存が覗われる。「歯車」「闇中問答」「夢」などにおいてその傾向は極まっている。

芥川は、いわば自らの意識のエントロピーの増大をもう一つの意識で観察し続けたのである。しかし、その作業には限界があり、ついに二つの意識は折れ合って活動の停止へと合流した。これは熱力学の第二法則に即した、エントロピーの無限増大による宇宙の熱的死に類似した事態である。

ちなみに芥川の場合、意識のエントロピーの増大には明らかに健康状態の悪化、つまり身体の衰弱が関わっている。彼は、生来虚弱であったが、決して養生したり身体鍛錬したりすることはなかった。既に二〇代末頃から健康状態は下落の一途を辿り、神経衰弱は悪化していった。特に不眠症がひどく、これが神経衰弱に拍車をかけ、最終的には自殺へと導いたのである。彼の場合、睡眠薬の乱用が身体の衰弱を悪化させ、それが精神症状へと反映するという悪循環を引き起こしており、まさに救いようがない状態であった。

芥川が使っていた睡眠薬は、バルビツール酸系のもので、今日のベンゾジアゼピン系睡眠薬のような柔らかな誘睡作用ではなく、麻酔薬のように強力で持続的な睡眠へと導く作用をもっていた。ベンゾジアゼピン系の睡眠薬は、抗不安薬の効き目を調節したもので、自然な眠りを誘うものだが、古いバルビツール酸系の睡眠薬は脳全体の働きを低下させて眠らせるために、服薬量によっては死に至ることもあった。今日、芥川が生きていても服薬量を大量にしたり、別の薬に手を出したりして、結局は「強引に自分を眠らせる」ことばかり考えるであろう。

睡眠は、脳の神経システムの情報処理状態を調節して、意識のエントロピーの増大を防ぐ作用をもっている。これはパソコンのデフラグに似たもので、意識や記憶や思考のファイルの乱雑で無秩序な状態を訂正し、それらを整理することを意味する。その核となるのは、不要な心的ファイルを処分することである。ところが、芥川のような場合、麻酔薬のように強力な睡眠薬がこの処分機能をも奪ってしまい、結局「覚めても地獄」となってしまったのである。

芥川の破局の例から我々は意識の秩序の重要さを痛切に覚知する。彼は自殺の動機を「将来に対するぼんやりとした不安」と表現しているが、この気分の背景には当時の社会情勢が反映している。

我々は睡眠と覚醒を繰り返しながら社会生活を送っている。その中で意識は機能するのだが、それを円滑に働かせるためには、身体《からだ》を動かして情報収集しなければならない。なぜなら、身体運動を伴った「行動」が情報の収集と処理を健康的なものにし、結果として意識の秩序が保たれるからである。ちなみに、意識が秩序をもちうるのは、それが情報によって自己組織化が促されるからである。そして、この自己組織化というものは生命的現象として、頭だけでの思考によってではなく、全身の運動を介した「行動」によって強く賦活される。

社会の中の個々の成員は、このような行動を介して相互に情報交換し、そこから我に返って自らの意識を形成する。各人の意識の中には様々な「意味をもった観念」が存在するが、その形成元は、先験的な思考のカテゴリーではなく、外的世界の情報構造をお互いに身体表現を使って指示し合うことである。つまり、ミードが主張するように、社会的行動が内的意識に先立つのであり、ジェスチャー会話が内面化されつつ他者の社会的役割が自己に移入されることによって自己意識が成立するのである。彼は「意味」に関して次のように言っている(5)。

意味は、社会的行動の一定の諸局面の間の関係として、そこに客観的に存在する何ものかの発達したものなのである。意味は、その行動への心的付加物でもなく、伝統的に考えられているような「観念」でもない。ある有機体のジェスチャー、そのジェスチャーが初期の局面をなしている社会的行動の結果、そのジェスチャーに対する他の有機体の反応は、最初の有機体に対するジェスチャーの関係、第二の有機体に対するジェスチャーの関係、所与の社会的行動の引き続く諸局面とジェスチャーの関係という三角、または三重の関係なのである。そして、この三重の関係が、意味が生じる母体、あるいは意味の領域に発展する母体を構成する。

この三重の関係をもう少し解きほぐして言うと、「A君のジェスチャーの自己言及性」と「Bさんがそれ感知して身体性の次元で意味を読み取ること」と「A君とBさんのジェスチャー会話が引き起こす社会的行動の新局面」が三位一体構造をなしている、ということになる。そして、この三位一体構造を可能ならしめているのが、筆者の言う「世界の情報構造」なのである。つまり、A君がBさんに対してジェスチャーを介して情報を伝えようとするのは、世界ないし社会が先行的に情報構造をもっているからなのであり、それに促されて、あるいはそれに照らして「情報のジェスチャー的コード化」を行うのである。また、BさんがA君のジェスチャーを了解するのも世界の先行的情報構造に照らしてなのであるが、そのとき、上下・左右・高低・寒暖・強弱・遅早・密疎などの物理的基本相やそれらが複雑化して生じた社会的事象連関が、身体性の次元で内的構造に移入されその了解の基盤を形成するのである。そして、A君とBさんの身体的情報交換の結果生じる新たな社会的行動の局面も、やはり世界の情報構造によって先導されている。つまり、世界の情報構造は、これら三つの契機が滑らかに生起するための鋳型として機能するのである。それゆえ、世界の情報構造にきれいに「はまらない」情報交換は、的確に意味を伝えることができない。

「なるほど」と感心しつつ「しかし、これでは類人猿と変わらないではないか」と言う人もいるであろう。たしかに我々人類は、類人猿と違って、体系的で明確に分節化された音声言語と文字を有している。しかし、その起源はやはり身体言語としてのジェスチャー会話にあるのだ。このことを忘れると、人間の言語的思考能力のもつ超動物的神聖さを野放図に称揚することになる。そして、意味を内面化・観念化し、その非物質的精神性に囚われる破目になる。これでは意味の客観性と世界の先行的情報構造はとうてい理解できない。

我々の意識が自己組織化し秩序を形成しうるのは、世界の一部たる社会というものがもともと自己組織化するシステムだからである。我々の意識は、このシステムに参入することによって自己組織能を株分けしてもらうのである。たとえば、東京郊外では大宮と柏と立川の商業地が繁栄しているという情報が流布すると、その影響は当地のみならず周辺、さらには東京近郊全般から首都圏にまで及ぶ。都心近くの雑踏に飽き飽きした人たちは、こうした郊外の商業集積地に目を向け、転居を企てたりする。そうまでしなくても、休日には頻繁に出かけたりするようになり、それが鉄道新線の開発につながることもある。これは、情報によって自己組織化が促される社会現象のかなり分かりやすい一例である。

こうした社会現象においては、誰かが明確な指令を出して民衆の行動と意識を統制した、ということはない。中央コントロール・タワーや明確なプログラムなしに、複数のエージェントが情報に反応して相互作用するうち、自動的に行動パターンが形成され、その傾向が定着して持続的秩序が出来上がるというのが実情である。もちろん自治体による都市計画も関与するが、その計画の発案には既に自己組織化現象が先行している。それに合わせて自治体や企業は動き出すのである。

よく「社会は生きている」とか「この街には活気があり、まるで生き物のようだ」とか言われるが、これは単なる比喩ではない。それらが、生命の本質たる「情報による自己組織化の促進」を体現しているから、そう言われるのである。このような生きた社会の中で我々は情報構造を感知し、行動を内面化しつつ意識を働かせるのである。

4　文化的遺伝子ミームをめぐって

「木」「森」「犬」「田」「人」「雨」……。言うまでもなく、これらの漢字は指示対象の「象《かたち》」を象徴（symbolize）している。そして象は形相である。先にジェスチャー会話が有意味シンボル形成へと導くことを指摘したが、世界の情報構造の一部たる木や雨は人間によって身体的に受容され、それが形相的に換骨奪胎されて「木」「雨」

という漢字になったのである。

「ワンワン」「ニャンニャン」「クークー」といった動物の鳴き声は、進化の過程の中で超霊長類たる人類の音声言語へ発展した。人類の音声言語の最大の特徴は、明確に文字化して記録として保存できることにある。そして、この保存能力が書物というものを生み出し、文化形成を推進することになった。文化とは社会の情報構造の一翼を担うものであり、世代を超えて人から人へと歴史的に伝承されていく。ちなみに、この伝承の基礎となるのは「模倣」である。

周知のように、ドーキンスはこの「模倣（mimeme）」という現象に着目して、文化的遺伝子ミーム（meme）の概念を提唱した。これは、ＤＮＡ分子という物質的実体性をもった生物学的遺伝子（gene）に対抗する文化的情報因子であるが、その実在性は決してＤＮＡの後塵を拝するものではない。『利己的な遺伝子』の中で彼は次のように述べている。(6)

楽曲や、思想、標語、衣装の様式、壺の作り方、あるいはアーチの建造法などはいずれもミームの例である。遺伝子が遺伝子プール内で繁殖するに際して、精子や卵子を担体として体から体へと飛び回るのと同様に、ミームがミームプール内で繁殖する際には、広い意味で模倣と呼びうる過程を媒介として、脳から脳へと渡り歩くのである。科学者がよい考えを聞いたりあるいは読んだりすると、彼は同僚や学生にそれを伝えるであろう。彼は、論文や講演の中でもそれに言及するだろう。その考えが評価を得れば、脳から脳へと広がって自己複製すると言えるわけである。

「模倣」は本来、行動というマクロなレベルでなされるものであり、ミクロのＤＮＡのレベルでの遺伝情報の伝達・複製には還元できない。つまり、ミームはＤＮＡに対して創発の関係にあるのだ。そして、この創発に世界の情報構造、ならびに社会内存在としての人間の意識が関わってくる。さらに、脳が環境の中で頭蓋骨という柵を越えて外的情報因子とダイナミックに相互作用する「生命的情報処理システム」であることを顧慮しなければならない。脳のこの働きが文化の伝播と伝承を可能としているからである。

生物の行動は、細胞核内の遺伝子に対して外在的因子である環境世界の情報によって強く左右される。これが認知機能にも影響を与えることは言うまでもない。そして、高度の意識機能をもつ人間において行動の創発性が極まる。つまり、文化の形成に際して生物学的決定論の枠が大きく破られるのである。人間における言語の働きもこのことを顧慮して理解されるべきである。

とにかく世界が物質から成り立っているという独断論が打破されなければならない。そして、その際に重要となってくるのが、世界は情報によって構成される自己組織化システムだ、ということである。この自己組織性は時間的相（つまり歴史的側面）と空間的相（つまり文化間での伝播）の二側面をもち、これが世界内存在たる個々の人間の脳に移入され、複製されていくのである。したがって進化心理学者ハンフリーが指摘するように、ミームは比喩としてではなく厳密な意味で生きた構造とみなされるべきである。(7)

そもそも生物の進化は、前述のように宇宙そのものの進化に根差した現象であり、ＤＮＡだけではとうてい説明できない。宇宙の進化自体が、情報構造から物質を生み出し、それが自己複製する核酸としてのＤＮＡとして結晶化したのである。ＤＮＡが生物進化の物質的側面に偏向すると過度に重視される生命因子であるのに対して、ミームの方は世界の情報構造を直接反映する遺伝機能の担い手とみなされる。悪名高いラマルクの「獲得形質の遺伝」という思想は、こうした事情を十分把握していないがゆえに生じた仮象とみなせる。つまり、その思想は、後天的に獲得された行動や意識の機能の元がＤＮＡではなくてミームであること、そしてその機能の伝承経路もミームであることを理解していないのである。いずれにしても、DNA一元論と遺伝子決定論は間違っている。換言すれば、獲得形質はたしかに遺伝するのだが、その形質の組成はDNAの分子構造によってではなく脳の神経回路網の可塑的な結合様式によって担われており、社会の情報システムを媒介として人から人へと伝承されていくのである。たとえば、先述の「甘えの構造」は、日本人のDNAに直接書き込まれるのではなく、脳の神経ファイルとして自己増殖していくのである。そして、このファイルは、その名の通りハードな物質ではなくソフトウェアを意味する。(8)

唯物論が世界や生命の本質に到達できないということは、こうした点にも表れてくる。それに対して、「情報」を世界の根底に据える存在論的観点は、生命の形相的本質を世界とのダイナミックな相互作用へと引き戻す仕方で解き明かす力をもっているのである。そして、生命の本質は「他との共存」にあり、我々は利己性と生物学的決定論を打ち破って、生命の大いなる連鎖の一成員となりうるのである。ドーキンスは次のように述べている。(9)

私たちは、私たちを産み出した利己的遺伝子に反抗し、さらにもし必要なら私たちを教化した利己的ミームにも反抗する力がある。純粋で私欲のない利他主義は、自然界には安住の地のない、そして世界の全史を通じてかつて存在したためしのないものである。しかし私たちは、それを計画的に育成し、教育する方法を論じることさえできるのだ。我々は遺伝子機械として組み立てられ、ミーム機械として教化されてきた。しかし我々には、これらの創造主にはむかう力がある。この地上で、唯一我々だけが、利己的な自己複製子たちの専制支配に反逆できるのである。

ドーキンスは、この力の源泉を人間のもつ「意識」に帰着させている。周知のように意識を生み出す器官は脳である。そして、脳はそれを構成する一〇〇〇億個の神経細胞の核の中の遺伝子が共同で形質発現せしめた神経回路網からなっている。各々の細胞核内の遺伝子は利己的だとしても、それらが共同で作り上げる脳神経回路、ならびにそれが環境と相互作用して生じる「意識」は、利他性という行動の創発特性を実現せしめるのである。

意識は、未来を先取りし過去を反省できるがゆえに、単独の物体のように物理的因果性に服することはない。これは、各人のもつ意識の対自性と対他性の両側面から言えることである。自らの在り方を反省し将来の計画を立てる対自的意識は、その質料因たる神経遺伝子に対して創発の関係にある目的性と形相性をもっている。そして、この創発特性は他者との交渉を介してさらに増幅される。

利己性や利他性というのは、もともと二つ以上の生命体が交渉しないと発現しない創発的行動特性である。ところが還元主義の生物学は、生命個体を他との関係性から切り離してその構成要素を研究し、その内実の解明をもって事足れりとする傾向が強い。しかし、これでは他者との関係を離れては存在しえない利他性（ならびに利己性）の本質はとうてい理解できない。「利他」も「利己」も「他人のために」「他人よりもまず自分を」といった個体内の遺伝子に還元できない外在的因子によって深く規定されている。それなのに還元主義的生物学は、この外在的因子すら個体内の遺伝子に先天的にプログラムされているかのように考えてしまうのである。遺伝子に書き込まれている生命情報は、実際に世界の中で後天的に獲得する行動や意識の特性から見下ろせば、基本的な枠組みを付与するものにすぎないことが分かる。還元主義は、これを無視して後天的外在因子を不当に生得的遺伝子に括り込もうとするのである。

「ネズミの尻尾を切り、それを数世代繰り返したら、そのうち尻尾のないネズミが生まれるであろう」という考え方が、「獲得形質の遺伝」という思想の最も俗悪な側面である。実際には、それは起こらない。事故で片腕を失った人の子供はしっかりした両腕をもって生まれてくる。母親の胎内での薬物の影響による子供の障害も孫には遺伝しない。身体組織の変化は、環境への適応という生態的要因によって引き起こされ、かなり長い年月を要する。

数世代ではなく数千ないし数万世代を要するであろう。それは極めて少しずつの変化なので、いつ起こったかは確認できないほどである。

形質は遺伝子の表現型（phenotype）を指し、それは生命個体の身体組織だけではなく行動と意識にも表れる。そこで「獲得形質の遺伝」という概念は、「尻尾を切ったネズミの仔は尻尾なしで生まれてくる」という考え方からではなく、「甘えの構造に浸された日本人の心性は数世代を通じて受け継がれる」といった文化的側面に定位した方が有益性を発揮することになる。

生命個体を構成する有機物質はたしかにDNAが形質発現したものたが、その分子構造を調べているだけでは生命の本質は理解できないし、遺伝の深い意味にも到達しない。物質科学は文化科学（人文科学と社会科学）よりも派手で実証性が高く、素人の信頼を一手に引き受けやすい。しかし、その信頼は軽薄な成金趣味様の心性を表しているにすぎない。一見地味に見える文化科学の視点も重視しないと、考察が機械的になって生態的現象のもつ創発的複雑性を不当に無視する破目になってしまう。そして、この傾向が優生思想と結びつくと大変なことになる。

これまで何度も触れてきたように、世界を構成する究極の要素は物質ではなく情報である。そして、我々人間は単なる物質の複合体ではなく、社会内存在として意識と行動を統合しつつ生きていく生命体である。こうした生命的存在の一契機としてDNAがあるのであり、DNAがすべての基盤となっている、ということはない。ドーキンスは一般に、人間を遺伝子の乗り物としての生存機械とみなす悪魔的唯物論者のように受け取られているが、本節で紹介したミームや反利己主義への彼の視点は、この点を理解するための貴重なヒントを与えてくれるのである。

5　社会の情報システムと個人の意識

個人の意識は「私は私である」というセルフ・アイデンティティを核としている。しかし本章で説明したように、その起源は個人の内面性にではなく社会の情報システムにある。子供が生まれると親は役所に出生届を出す。それによって子供の生年月日が戸籍簿にしっかり記入され、子供は「自分の意識によって構成したのではない生年月日」を生涯携えて自己意識を形成していく。「まだ若いから」「もう年だから」という意識は、このような無意識的刷り込み過程を背景としている。

「刷り込み」と言われると、感情的な反発をする者がいる。「私の意識は他人によって刷り込まれたものではなく、自分が形成したものだ」というわけである。そして「唯一無二の〈私〉」という観念にしがみつく。「比類なき私」ということによって一体何を言おうとしているのだろうか。個の尊厳の主張は、果たして真の自己実現へと導くであろうか。

先に日本社会における「甘えの構造」ということを指摘したが、こうした他者依存的構造の中で形成された自己は、個と社会の弁証法的関係を理解しないままに野放図に個の尊厳を主張する破目になる。この傾向が、そのまま閉鎖的派閥形成へとつながることは既に述べた。我々は、自らを「社会の構成因子」として理解し、真の民主主義を確立するために自己実現に励まなくてはならない。封建的社会が生まれる背景には「野放図な個の尊厳の主張」が存しているからである。

今日の若者のコミュニケーションの特徴は、パンコンや携帯電話によるネット上の会話が主流となっている、ということである。これが個人の意識と行動に影響を与えているのは、夙《つと》に指摘されてきた。ちなみに、この傾向は日本に限ったことではなく、世界中に広がっているが、悪しき刷り込み現象を引き起こしているように思われる。コミュニケーションは、本章でも説明したようにもともとジェスチャー会話を基本とし、顔が見えない文字だけの会話は身体性を欠き、「いのち」が通ったものとはならないのである。

インターネット上の掲示板においては、文字だけの情報交換がなされ、相手の表情や挙動が見えず、無機的会話になってしまうことが多い。また、会話が断片的で長続きしないので、意志の疎通が十分なされないように感じる。そこには身体性を伴った臨場感が全く欠如し、通常の会話におけるような身体的自我同士の触れ合いがない。そして、この触れ合いがないと自我は空洞化し始めるのである。インターネット時代のセルフ・アイデンティティは大丈夫なのだろうか、と思ってしまう。(10)

情報科学は前世紀に電話通信の技術的問題から生まれた。それは本章でも触れたビット数、つまり「情報の〈量〉」に定位したものであった。しかし、情報の本質はイデアやエイドスという「質」にある。プラトンは、真実在としてのイデア（特に善のイデア）に到達する方法をディアレクティケー（問答法）と名づけた。この方法は、反骨の弟子アリストテレスによって自然の存在論へと応用され、形相―質料、可能態―現実態という基本的図式に則った「生成的自然の目的論的把握」を生んだ。

ディアレクティケーは、後にヘーゲルの思想を介して「弁証法」という訳語を充てられることになる。(11) 弁証法とは、対立・矛盾する契機を高次の真理に向けて統合する思考法を指すが、そうしたものとして自己意識の成立を理解するための強力な支えとなる。「自覚の弁証法」とは、自己意識の成立が他者という否定的契機によって媒介され、「私」が最初から即自的に完成したものではないことを示唆している。なぜなら私が私になるためには他者との出会いと対話が必要だからである。この対話は決して平安なものではなく、一種の闘争という様相を帯びている。ここに「私」というものの「生みの苦しみ」がある。思春期から青春期にかけての疾風怒涛の自我実現は、まさにこの「生みの苦しみ」によって彩られている。

個人の意識は、社会という情報場で生々流転・紆余曲折を繰り返しながら弁証法的に高度の段階に到達していく、という性質をもっている。我々はみな各自の「人生の目的」をもって社会の荒波へと出航し、多くの場合、目的の実現を見ないまま死を迎える。しかし、個人の死は全体としての生命の存続によって贖われ、個を超えた歴史の目的実現に陰ながら寄与しているのである。

こうした考え方によって個の尊厳が貶められると思うのは早計である。甘えの構造を脱却した真の個人主義は、自分が公共的社会の一員であるという自覚によって裏打ちされており、排他的派閥形成という偽りの社会性へと自己を失わせることがないのである。

今日、社会の情報システムはＩＴ企業の躍進によって拡大・複雑化する一方である。これは情報宇宙論で言われるような「ビッグバン以降の情報のインフレーション」の社会的局面を暗示しているのだろうか。たしかに、今日の情報社会の発展はそう言われてもいいような様相を呈しているが、我々はあくまで情報の量ではなく「質」に目を向けなければならない。それは、そのまま「秩序」への問いとなる。自然の秩序も社会の秩序もイデアやエイドスという質的情報を基盤として形成される。個人の意識は、社会の秩序によって育まれ、各人はそれへの恩返しとして秩序形成へと参与しようとするのである。

注

（1） Cf. G. H. Mead, *Mind, Self,and Society: from the Standpoint of a Social Behaviorist*, The University of Chicago Press. 1967（河村望訳『精神・自我・社会』人間の科学社、二〇〇二年）

（2） J・M・G・イタール『新訳　アヴェロンの野生児』中野善達・松田清訳、福村出版、一九九九年を参照。

（3） Vgl. M. Heidger. *Sein und Zeit*, M. Niemeyer, Tübingen, 1979

（4）土居健郎『「甘え」の構造』弘文堂、一九八五年を参照。

（5）Cf. G. H. Mead, *op. cit.*, p. 76（邦訳九八ページ）

（6）R・ドーキンス『利己的な遺伝子』日高敏隆他訳、紀伊國屋書店、一九九五年、三〇六ページ以下

（7）R・ドーキンス、前掲書、三〇七ページ

（8）哲学者のデネットはドーキンスの影響を受けて、人類進化論の観点から意識を脳のソフトウェアとして捉え、そこから生命や自由の本質を捉えようとした。Cf. D. Dennett, *Consciousness Explained*, Little Brown & Company, Boston, 1991, *Darwin's Dangerous Idea: Evolution and the Meaning of Life*, Simon & Schuster, New York, 1995, *Freedom Evolves*, Viking Penguin, New York, 2003

（9）R・ドーキンス、前掲書、三二一ページ

（10）この点に関して、S・タークル『接続された心――インターネット時代のアイデンティティ――』日暮雅通訳、早川書房、一九九八年を参照。

（11）ヘーゲル弁証法がプラトンとアリストテレスの存在論にどのように関係するかについては、次の文献が簡潔な概略を示してくれる。H.-G. Gadamer, *Hegels Dialektik*, Mohr, Tübingen, 1980（山口誠一・高山守訳『ヘーゲルの弁証法』未来社、一九九〇年）. またヘーゲル自身によるプラトンとアリストテレスの存在論的評価として、Vgl. Hegel, *Vorlesungen über die Geschichte der Philosophie* II（Werke 19）Shurkmp, 1971.

第6章　自然の秩序

はじめに

我々を取り巻く自然界にはたしかに秩序が備わっている。しかし、それは人工物のもつ秩序ほどには明確ではない。人工物は製作者が意図的に秩序を構成したものなので、分かりやすいのも当然である。製作者たる人間は自分の思考と認知のカテゴリーを駆使して秩序を作り上げるのだから、同じような認知システムをもった他の人々がそれを看取するのは容易なことである。しかし我々の認知システムは人為的自発性のみによって構成されているわけではない。その根底には先行的な自然の秩序が控えているのである。この先行性は二つの観点から指摘できる。まず、我々の認知システムは脳という自然物のもつ先天的秩序を基盤として成り立つという先行性。次に、数学的物理学に代表される自然科学の知見はすべて、自然界にあらかじめ備わっていた自然法則の経験的解釈であるという先行性である。

自然にはもともと法則ないしその原基が備わっており、人間は生活の必要性からそれを理解しようとし、修練を重ねて基礎科学を築き応用技術を開発してきたのである。これは、高度の数式や幾何学の知見を欠いた古代の建築技術から今日の数学的物理学に基礎を置いた工学にまで一貫する傾向である。古代エジプトのピラミッドや中世日本の五重塔や城を造り上げた技術は、決して今日の建築工学にも引けを取らない。むしろ、その知恵が今日賞賛され、参考にされるほどである。このことを敷衍していくと、前に述べた自然界の本能的幾何学者たるミツバチの知恵に突き当たる。古代人やミツバチの秩序形成能力は、現代人のそれよりも自然の先行的秩序に直結した無意識的認知能力を示唆するように思われる。

西洋の哲学はその端緒からこの宇宙の秩序を問題とし、その傾向は現代にまで連綿と受け継がれている。ただし古代と近代以降では思考傾向がかなり違ってきている。プラトンとアリストテレスに代表される古代の哲学者たちは、秩序を自然界そのものに備わっている客観的で実在的なものと考えていた。ところがデカルトの思索を経た近代の哲学者たちは、秩序の源泉を外的自然界にではなく人間主観の先験的形式に求めるようになった。その代表がカントであることは言うまでもなかろう。たしかにカントはニュートンと違って単純な機械論的自然観を超える有機体的自然観と目的論的世界観を志向していたが、その基盤となっていたのはやはり超越論的主観性の哲学だったのである。(1) 近代以降、多くの人々が自然の秩序の基盤を人間主観の方に引き寄せる思考傾向を示すようになったが、この傾向は哲学者・科学者というインテリ層から無学な民衆にまで及ぶものであった。

ところが二〇世紀になって彗星のごとく実在論的秩序の提唱者が現れた。本書でこれまで何度も言及してきたホワイトヘッドである。彼は先輩格のアレクサンダーの意向を受け継ぎ、時―空を物理的自然界の基底に据える有機体論的宇宙論を展開した。「有機体の哲学」と呼ばれる彼の立場からすると、自然の秩序は人間主観が構成したものではなく実在的自然界にあらかじめ備わっていたものなのである。それゆえホワイトヘッドは自然の秩序に関するプラトンの先駆的著作『ティマイオス』を賞賛し、その意図を今日に生かそうとする。

周知のように『ティマイオス』は、デミウルゴス（製作者たる善なる神）がイデア界の永遠的範型に照らして生成的自然界の秩序を造り上げた過程を神話的に物語っている。(2) ホワイトヘッドの意図は、これを脱神話化して有機体論的自然観の基礎たらしめようとすることにあった。しかし、それだけではない。彼は、デモクリトスの原子論的唯物論を打破しようとする姿勢をプラトンから受け継いでいる。前述のように、この宇宙がデモクリトスの言うように原子と空虚から成り立っているとするなら、自然の秩序は問うに価しないものとなってしまう。デモクリトスが構想した原子（atomon）は不生不滅の剛体としての微小粒子であったが、ピタゴラス主義者のプラトンは数学的形相と言うべき正多面体のような幾何学的秩序を自然の根本的構成要素と考えたのである。ホワイトヘッドは、現代の量子物理学の見地からしてもプラトンの方が正しいと断定している。(3)ちなみに、これは量子力学の泰斗ハイゼンベルクも指摘していることである。(4)

デモクリトスのような考え方は、多くの人が暗々裏に思考と世界観の前提としているものである。これが機械論的自然観と物心二元論として表出されることは夙《つと》に指摘されてきた。心と自然の分離、そして自然からの秩序と目的と価値の剥奪はここに源泉がある。筆者はかつてある学会で「生理学的事実をいくら列挙されても意識の主観性という人間精神の崇高性には何ら触れることができない」という神経科学者の意見を聞いたことがある。理科系の人にはこういう考え方をする人がけっこういる。研究者としては唯物論的だが、素人形而上学者としては精神主義的二元論者だというところだろうか。はっきり言って軽薄である。この傾向が悪い方向に向かうとオウム真理教のようになるのは、それほど説明を要しないであろう。こういう人には『ティマイオス』における心臓や肝臓の機能の製作、身体の生理的システムの創造の物語を読んでもらいたい。言うまでもなく、我々の身体の生理的システムは見事な秩序を有している。そこには明らかに形相が内在しており、精神性から二元論的に分離できるものではない。我々はぜひとも素人形而上学を脱して真の存在論に到達しなければならない。ウィトゲンシュタインは「神秘的なのは、世界がいかにあるかということではなく、まさに世界があるということである」(5)と言ったが、我々はこれを教訓として心身に連なる形相性を見破らなくてはならない。

「世界がそもそもある」という感嘆の念は、古くからの哲学の問い「なぜそもそも存在するものは存在して無ではないのか」に帰着する。また、身体の生理的システムの秩序に面して、「なぜそもそもこのような整合性が成り立っているのか」という問いを発することは質料を超えた形相を志向しているのである。

哲学は自然の秩序に面しての驚嘆の念から生まれる、とアリストテレスは考えた。我々に与えられた課題は、自然の秩序という問題系が情報の形而上学とどのように関係するかを明らかにし、そこから存在論の新たな可能性を探ることである。

1　なぜ（why?）の問いからの逃避

形而上学（meta-physics：続・自然学）としての哲学の生みの親は「なぜ」という存在への問いかけである。「なぜ」というのはとりあえず何気ない問いかけで、幼児が大人に対して繰り返し発するものである。「なぜ……なの」という子供のしつこい問いかけは、無知に由来するものがほとんどで、存在の深い原理に関するものではない。しかし、ライプニッツが最初に定式化した「なぜ」の問いは、自然についての諸科学の成果を統制しつつ、この宇宙の根本的存在原理を問いかけるものであった。(6) 彼において「なぜそもそも存在するものは存在して無ではないのか」という問いの答えは、言うまでもなく神の創造行為である。これは先行者たるプラトンとアリストテレスと同様の答えである。つまり、善なる神が最善の世界を創った、というのである。しかし、こうした解答は多くの人の反感を買いやすい。「善なる神が最善の世界を創っただって。うそだよ。この世界を見渡してみなよ。人間の観点から見ても自然の観点から見ても悪と混乱が満ち溢れているじゃないか。悪人が快楽を得て善人が苦しむし、自然の猛威は環境を破壊するじゃないか。最善説は単なる脳天気な戯言だよ」というわけである。

このような反論において問題となるのは「善」というものの理解である。民衆は基本的に、自分が幸福ならばいく分の留保はつけつつもこの世界が善であると思うようになるし、自分が不幸ならば率直にこの世界が悪であるように感じる。そこには主観的価値評価はあっても深い存在論的考察はない。これでは幼児の問いかけとそれほど違わない。つまり感情的である。問題は「善」というものの解釈にある。「善」の最も低級な解釈は、それを「快」と同一視するものである。多くの人がこの視点に囚われて主観的価値評価に陥っている。とにかく、今日「善なる神が最善の世界を創った」という思想に賛同する人はほとんどいない。

それでは彼らに次のような問いを発してみよう。「雪の結晶の整合的形態やミツバチの巣のハニカム構造は何に由来するのですか」「なぜ自然界の物理的事象は数学的に解析可能な構造を備えているのですか」。そして「こうした問いかけと自然の存在原理へと問いは結びつきうるし、それは合理的思考によって解決可能だと思いませんか」。

言うまでもなく、こうした問いかけは、快・不快などの主観的価値評価には関わらず、そうした視点を脱した客観的秩序を志向するものである。古代や近代初頭の哲学者が述べた「善なる神による最善の世界の創造」は、実は自然の秩序の創設に関するものだったのである。また、彼らが言う「善」は、もちろん道徳的価値と無縁ではないが、それ以上に客観的自然界の存在原理に関わるものだったのである。そして、その存在原理は目的因というものと深く関係している。ところが、そもそもこの目的因を志向する目的論的自然観自体が近代以降衰退の一途を辿り、「非合理」の烙印を捺されてきた。この傾向が「なぜ」の問いからの逃避に拍車をかけたのである。「なぜ」を問わない機械論的思考が自然の合理的解釈を可能とし、自然科学の発展を可能にした、というわけである。科学史や哲学史の教科書には、こうした記述がよく見られる。

目的論に対する批判は多方面からなされた。近代初頭にベーコンがアリストテレスの目的因を自然科学から排除したことを端緒として、その後物理学、生物学、医学といった各領域にこの傾向は及んでいった。このうち際立っているは生物学における目的論と生気論への徹底的批判の趨勢である。これは前々世紀から前世紀にかけて蔓延《はびこ》ったもので、その後いく分諌められたとはいえ、極めてセンセーショナルであったことはたしかである。「生命体は人間を含めてすべて遺伝子の乗り物としての機械であり、自由などという観念は幻想である」といった思想が前世紀の中盤以降流行し、今日に波及している。ただし、こうした思想は既に近代初頭に現れていた。ラ・メトリーの人間機械論はその代表である。そして、その源泉は古代の唯物論思想にある。

唯物論に基礎を置く人間機械論は、自然物としての人間有機体から目的因と形相因を排除するものであり、結果として自由意志を幻想とみなす。こうした考え方は一見合理的に見えるが、実は底の浅い非合理主義にすぎない。また真の自然主義とは呼べない似非自然主義である。問題は、こうした思考法がなぜ「合理的」に思われ、多くの人がそれに「はまってしまう」かにある。

これには自然の二側面性が関与している。つまり、自然には機械論的側面と目的論的側面が共存しているのである。このうち前者が表層を構成し、後者が深層をなしている。ボームの言葉を借りて言えば、前者は顕然秩序、後者は内蔵秩序ということになる。(7) 表層の顕然的なものの方が捉えやすく、低級な思考でも理解しやすいということである。それに対して深層の内蔵秩序の方が根源的なのは言うまでもない。

前世紀、哲学の世界では形而上学ないし存在論が復活したし、自然科学の領域では従来の機械論的思考を打ち破り、目的因と形相因ないしそれに相当する原理への問いが再び興隆し始めた。これは、近代以降の懐疑を通過したもので時代に即した洗練性を有している。つまりプラトンが語ったようなデミウルゴスによる世界創造の神話的傾向は排除され、より合理性が増したのである。逆に言えば、それはプラトンの世界創造物語が単なる神話ではなかったことを示唆している。実際、プラトンの『ティマイオス』は数学的形相への問いに満ちており、凡百の文学的思想とは比べ物にならない。つまり、脱神話化するとすぐに合理的な自然科学的存在論に応用できるのである。物理学出身の哲学者ホワイトヘッドとギリシア哲学に造詣が深い物理学者ハイゼンベルクはそれを明示してくれた。

底の浅い科学思想に幻惑されると人生哲学もレベルの低いものになってしまう。自然が機械論的物質過程だとするなら、人生と善の意味は各人の主観に依存する相対的価値しかもたないものと解釈され、究極目的に関する「なぜ」の問いは却下される。これはニーチェの能動的ニヒリズムに代表される思考傾向である。ニヒリズムとは「〈なぜ〉に対する答えがない。無が永遠に回帰するのみである」ということを信条とする人生哲学なのである。

このように、「なぜ」の問いからの逃避は、近代以降自然科学と人生哲学双方の側から推進されてきた。我々は、このような低レベルの思考を脱して、ぜひとも目的因と形相因によって裏打ちされた自然の秩序を再び問わなければならない。ただし従来の形而上学や宗教のように神を立てる必要はない。そのようなものを立てなくても自然の秩序を論じることができるようになったのである。

2　神の創造から自然の自己組織性へ

筆者に言わせると、科学的唯物論もニーチェ流のニヒリズムも、「なぜ」の問いに対する答えが神などもち出さなくても可能だということを見逃している点では同じ穴の狢《むじな》である。彼らは雪の結晶やミツバチの巣の整合的形態に対する感受性が全くない。おそらくベローソフ・ジャボチンスキー反応を眼前に示されても「何それ」と嘯《うそぶ》き、無頓着振りを示すであろう。

「神」という観念は、西洋においては特にそうであるが、基本的に自然の外にある超越的原理を指示している。そして、そう受け取られるなら、自然の秩序を可能ならしめる目的因の原理は超自然的な神に帰せられることになる。ここには「自然」に関する奥深い理解の断念が図らずも表れている。つまり、自然は雑多な物質粒子の無秩序な散在によって構成される機械的システムであり、意味や価値や目的とは無縁の無機的世界だというわけである。そこで意味や価値の所在は超越的神や人間の超越論的主観性の方に求められることになる。いずれにしても自然の秩序の源泉は自然の外に置かれてしまう。

西洋の科学は近代以降、「秩序を自ら組織化する自然」という観念を積極的に排除してきた。哲学の領域では、この観念は比較的温存される傾向にあったが、やはり人間の主観性に引き寄せる傾向が優勢で、「自己組織化する自然」というものの実在論的基礎づけは不十分であった。ところが、二〇世紀に入るとプラトンの『ティマイオス』の思想を現代に生かそうとする二人の実在論的コスモロジストがイギリスに現れた。先述のアレクサンダーとホワイトヘッドである。この二人のうち特に影響力があったのは後者で、それは物理学者の自然観そのものを変革する力を秘めていた。代表例はプリゴジンである。彼は『混沌からの秩序』の中で次のように述べている。「秩序と無秩序は複雑な概念である。力学の静的記述を行う構成単位と、エントロピー増大によって表現された進化のパラダイムを達成するために導入されなければならない構成単位とは別物である。この移行は〈活性ある〉物質という物質の新概念を生み出す。活性ある物質と呼ぶのは、物質が不可逆過程を生み、不可逆過程が物質を組織化するからである(8)」。

「自然の自己組織性」というものを考えるためには、まず「時間という契機を剥奪された空虚の中の原子」という古典的唯物論の物質観が打破されなければならない。古典的唯物論、そしてあらゆる機械論的自然観では「空間の中にばら撒かれた原子」という概念が支配的で原子同士の相互作用の生成的様態を示唆する「時間」という契機が排除されてしまっている。またそもそも、「原子」が自然の原初的構成要素として独立自存している、という考え方自体が間違っている。自然の根本的構成要素は、生成的要素と他との関係性を含む「出来事（event）」なのであり、こうした出来事の複合体が全体としての秩序ある宇宙を形成しているのである。そして、このような観点から「物質」という概念を再考すると、「活性ある物質」という理解が得られるのである。

自然界の事象を注意深く眺めてみよう。唯物論的先入見がなければ自然の秩序性は明白であり、それは過程が実在であるような生成的自己組織化の現象に満ちている。そして、その構成要素は「死せる原子」ではなく「有機的物理事象」であることはすぐに看取できる。また、「エントロピー（無秩序さの度合い）の増大によって熱的死にひらすら進む自然」という観念は虚構のものであり、平衡から離れた開放系の物質システムにおいては、エネルギーと情報の散逸が起こり、それによってエントロピーの増大が阻止され、新たな構造と秩序が自己組織化される、ということも容易に理解できるであろう。そもそも「死せる原子」とか「エントロピーの増大」といった概念は、複雑で過程的な物理的事象の一面を切り出して、しかもそれを過大視して得られたものであり、全体的自然を把握するためにはあまり役に立たない。つまり、それらは部分の因果論的理解にはうまくはまるが、全体性の存在論的理解には適合しないのである。ホワイトヘッドからプリゴジンへと受け継がれた自然把握の根幹は以上のように要約できる。(9)

ここでは、とりあえず「物質」という概念の再把握が取り上げられたが、自然を構成するもう一つの重要な構成要素たる「生命」についても着目しなければならない。なぜなら自然の自己組織性、つまりその有機的存在様式を看取させてくれる最も有力な契機は、自然界の生物に見られる生命現象だからである。しかし前述のように、「生命」は生物学的生命体には限定されない、かなり広範な事象に当てはまる存在規定である。そして、それはまさに「自己組織性」ということを示唆している。

まず、狭義の生命概念、つまり生物学的生命体のもつ自己組織性に着目しよう。生物学的生命体の基体はＤＮＡである。これを含むもののみが生物学的生命体として認められる。しかし、その自己組織性、つまり生命活動は、このＤＮＡという質料因によって全面的に規定されていない。それらは他の自己組織化システムと同様に、環境の中で他のシステムと相互作用しつつ活動し、進化し、増殖する、という点にある。もし、生命体が唯物論者の言うようにＤＮＡの乗り物にすぎないとするなら、それらはなぜ進化し秩序を形成していくのかを説明できなくなる。ここで超自然的目的因をもち出しても無益である。自己組織的秩序形成能を自然に内在するものと理解し、そこから形相因と目的因の理解を洗練することが要求されるのである。その際、構成素材、つまり質料因を超えた「機能」というものに着目することが有益である。

「機能」は素材の差異を超えた「課題の遂行能力」を意味する。普通、我々はある対象の本質をその素材、つまり質料因に照らして理解しようとする。これは非常に大雑把な見方で、物事の本質に深く食い入る存在論的眼差しを欠いている。ある対象が「何のためにあるのか」「どういう機能をもっているのか」ということは、それが「何でできているのか」ということとはたしかに無縁ではないが、それによって対象の本質が規定されるわけではない。素材、つまり物質以前に機能的因果連関の基盤となるシステム編成能としての形相というものが自然界には備わっているのである。これは生物的システムと社会的システムと物理的システムに共通のことである。それは、物理的システムにおいては数理構造として明示しやすい。他方、社会的システムや生物的システムにおいては物理的システムほどには数理構造は明白ではないが、パターンや秩序の形成の基盤となる基礎構造はたしかに看取できる。自然を死せる機械とみなし、それを人間の生命的心性に対置する二元論的観点はこの点に無頓着であり、結果として自然に自己組織性を認める立場を「擬人化」として却下する。

「擬人化である」という批判は、人間中心主義の主観的認識論を基盤としている。たしかに「宇宙に意志がある」という表現はナイーヴすぎるが、それを「宇宙には自ら秩序形成しつつ進化する自己組織能が備わっている」と言い換えるなら、あながち捨てたものではないように思われるであろう。人間中心的な主観性の立場は、「まず自らの思考能力によってカテゴリーを形成し、それを自然に投げかけて構造把握していく」ということ、言い換えれば「すべての概念の源泉は人間的主観性にある」ということを無反省に前提としている。たしかに物理的自然は、人間のように話しかけてこないし、物事を考えていないように見える。そこで「雷は神の怒りだ」という見解は嘲笑の的となるのである。しかし、こうした極端な例は本質から目をそらすだけである。自然放電としての雷は、大気の状態の不安定さを散逸させ秩序を取り戻すための戦略なのであり、その意味でまさしく自然の自己組織性を暗示している。こうした見方は決して擬人化ではない。同時に純然たる機械論でもない。それに対して「雷は神の怒りだ」という発言は、人間の似像として神をもち出して自然現象を解釈するという「隠れ人間中心主義」を表しているのである。

カテゴリー形成能力は人間の超越論的主観性にではなく宇宙の客観的情報構造にその源泉がある。自然にもともと数理構造が備わっているからこそ、自然の子としての人間の思考が高度の機能をもちうるのである。思考と認知の座たる人間の脳は無意識下の膨大な情報処理を遂行しており、そのうちのほんの一部が意識に現れるにすぎない。しかしその意識は明晰であり、高度の秩序を実現できるかのように思われるので、人間主観が崇高なものとして称揚されるである。これは超越論哲学者に限った傾向ではない。一般人の大部分がはまってしまっている考え方である。

「自己組織性」とは、システムが指令者と中央コントロールタワーと明確なプログラムなしに複数のエージェントが相互作用しつつ秩序を自律的に生み出していくことを意味する。この見方は、人間中心主義の主観的認識論とは相容れないものである。それと同様に神による自然のプログラムという思想とも相容れない。もし百歩譲って「神」というものを想定するなら、それは自然の創造主としてではなく、自然の到達目標として、つまり秩序の完成態として理解すべきであろう[10]。しかし、その場合それを「神」と呼ぶ必然性はどこにもないのである（神という観念は人間主観の極限値と考えられる[11]）。

以上のように、かつて自然の秩序の原因は神に帰されていたが、哲学と科学両面における人類の知力の進歩は秩序の源泉を自然自身の自己組織性として明らかにした。我々は、もはや古臭い機械論的自然観と物心二元論にしがみつく必要はなくなったのである。

3　自然内属性を感じるとき

以上のような説明に対して納得のいかない人もいるであろう。つまり、やはり人間の思考や意識を形成する秩序は内面的主観性ないし人間的精神性から生じるもので、物言わない自然とは対峙していると考える人々は、断固として以上の説明を受け容れようとしないであろう。そうした人たちをも説得する義務が我々にはある。では、何をすべきなのか。我々人間の意識が自然に対峙したものではなく、それに内属していることを明示することである。これは、本書において何度も触れてきた主観―客観図式の克服、ならびに経験の自然性ということに関係する。そして根幹にあるのは身体性を介した意識の世界内属性である。ここから人間主観の自然内属性の理解の糸口が得られる。

我々は自らの意識内容を内省すると外の世界の事象とは違った精緻な秩序を見出す。外の世界には人間以外の生物（動物、植物）ならびに物質的事象が含まれる。これらはすべて自然の現象である。また、人間の意識が行動を介して人工的に築き上げた「社会」というものも外の世界に属している。しかし、アリやミツバチの群生様式を見れば分かるように、社会というものは人間だけではなく動物でも構築可能な生存システムである。とすれば社会も自然の一部分なのである。そして社会は「秩序」ということと深く関係している。実際、「細胞の社会」とか「脳の中の心の社会」という比喩が暗示するように、「社会」という語は整合的ないし有機的秩序をもった組織を示すために使われる。そして「整合的」というのは形相因を示唆し「有機的」というのは目的因を含意する。

我々の身体を形成する生理的システムは、まさにこのような整合的で有機的な秩序をもった有機分子の複合体、つまりその社会である。ＤＮＡ、タンパク質、細胞、組織、臓器、身体全体という組成的階層をもった人間の身体は、まさに一つの「秩序をもった社会」であると言える。プラトンが『ティマイオス』において人間身体の物質的秩序に見られる高度の形相性について語ったことに我々は注意しなければならない。なぜならプラトンは誤って精神主義的二元論者だと思われているからである。デミウルゴスによる自然の秩序の製作を取り扱った『ティマイオス』は、今日の生理学の知見に照らして脱神話化的に再考されるべき思想を含んだ名著である。

精神主義的二元論によると「秩序」は生理よりも心理の領域に、身体よりも心の領域に属すものとみなされる。しかもこの場合、心は意識中心に考えられている。そこで主観的構成主義が幅を利かせることになる。意識の主観的特質のもつ精緻さ、霊妙さ、切実さ、実存性、唯一無二性。こういった性質は「精神性」として一括できるが、それに幻惑された者は、身体の物質的過程としての生理の領域の中に秩序、つまり形相因と目的因を見ることができなくなってしまう。それもそのはず、我々が普通、身体というものを捉えるのは、解剖学や生理学の教科書に載った図を通してであり、意識と一体となった活動中のそれではないからである。つまり、対象化された他人事としての「死せる身体」がまず覚知の視圏に入ってくるので、生命性によって賦活されている現在進行形のアクチュアルな「生ける身体」のもつ意識との一体性に目が開けないのである。そもそも「生きている」とはどういうことであろうか。植物状態にならない限り我々は生きているとき意識をもっている。

意識の働きは身体の生命性に深く根差しており、その秩序は身体の生理的システムのもつ形相性と目的性を反映している。しかし意識はその主観的構成能において秀で、身体に対して後発のものであるにもかかわらず自分を主人公に奉り立てる傾向をもっている。換言すれば、実際には身体の恩恵によって機能を発揮しているのに、あたかも自分が一切の秩序の形成元であるかのように錯覚する癖があるのだ。これは超越論的主観性の哲学を信奉する学者から無学な民衆にまで広く及ぶ人間的心性を表している。

身体の形相性が意識の秩序の基盤となるということは、より具体的には最近の脳科学が説明するような脳の神経システムとその情報処理様式が意識の機能の基盤となっていることとして示すことができる。しかし、意識の働きは脳のみによって可能となるものではなく、首から下の身体からの情報的フィードバックと環境からの影響、ならびに他の意識とのコミュニケーションが深く関与している。もともと意識は無意識的情動と切っても切り離せないものであるが、この無意識的情動は脳幹部の自律神経系と内分泌系の中枢を介して身体の無意識的秩序に直結しているのである。しかも情動は全く無意識的ないし無自覚的なわけではない。その一部は意識に反映し、たしかに自覚されるのである。この一部を注視しそれに食い入れば、意識と身体の生ける統一性に目が開かれ、そこから意識の自然内属性の理解の糸口が得られるであろう。

とにかく情動は「生きている」という実感と直結しており、身体の生理的システムに帰属する形相因と目的因が意識の秩序に反映する際の仲介役を果たすのである。しかし能動的知性の機能としての「思考」に定位すると、この媒介性が視野から遠ざかり、意識と身体が物心二元論的に分離される破目になる。そのような頭脳優位の姿勢では意識の自然内属性は決して理解できない。

ホワイトヘッドが指摘するように、近代の心身二元論は「心と自然」という大問題を「心と身体」という矮小な形態に置き換えてしまった[12]。つまり、二元論では身体が既に環境としての自然から切り離されて単独体となってしまい、そのような非開放的物質システムとこれまた非開放的精神システムとしての心との関係が問題設定の端緒に置かれてしまうのである。しかし、人間の身体は生命システムとして平衡から離れた開放的システムであり、社会的ならびに自然的環境と相互作用しつつ、情報とエネルギーを散逸させ、新たな構造を作り、それを自己にフィードバックさせていく。これこそが、まさにエントロピーの増大に逆らって生命的秩序を形成していくということ、簡単に言えば「生きていく」ということなのである。これは具体的には意識を伴った行動を介してなされる。しかしこの場合、意識が身体の舵取り役としての先行性をもっているわけではなく、両者は渾然一体となっているのである。言語的コミュニケーションにおいてもそうである。

要するに、意識は身体を介して自然に内属しており、それを自覚したとき自然の秩序が意識に対して先行的なものであると理解できるようになるのである。またその際、意識と身体の統一体としての「経験」が個人の脳を主体として発動するのではなく、情報構造をもった宇宙全体が主体となって発動することに目が開かれるかもしれない。換言すれば、個人の脳を通して宇宙の情報構造が自分の構造を計算するのである。ただし通例、個人の意識はその人の心的履歴を携えたものなので、宇宙の情報構造が背景に退き、あたかも自分独りで経験を発動させいているように感じる。しかし、基盤となるはあくまで宇宙の情報構造である。

ジェームズやホワイトヘッドに倣って万物のアルケーを「経験」ないし「経験の脈動」と考えてみよう。この場合、経験は心的なものではなく物理的なもの、ないし自然的なものとみなされる。[13] これは常識の観点からは理解しがたい思想である。しかし、数理構造をもち秩序を自己組織化するコスモス（宇宙）は、おそらく自己の全体をモニターし構造を計算する力をもっているのである。[14] こうした機能は「非心的経験」として理解できる。もちろん「経験」という概念にこだわる必要はない。それに代えて「情報」をもち出してもよいのである。

我々の脳と身体は高度の物質的組成をもっているが、その形相性は巨大な外的自然の構造からの借り物である。そこで、我々が意識経験を発動させるとき、必ず自然の数理構造が人間化されて付帯するのである。この「意識経験」から「意識」を取り払うと、宇宙の情報構造に密着した「経験」そのものが顕現する。つまり「経験」が物理的なものとして顕となり、心身二元論的観点から脱却できるのである。

経験が物理的なものであることを理解するためには情報との相即性に注意すればよい。もし一部の科学者や哲学者が言うように宇宙全体が一つの巨大なコンピュータないし認知システムであるとするなら、我々は自然から心や思考を剥奪する必要がなくなる。宇宙全体は秩序の完成態を目指して進化する自己組織化システムであり、素粒子、原子、分子、巨視的物体という物質的階層を顕然秩序（見かけ）としつつも、その核心は内蔵秩序としての情報構造にある。宇宙が経験の根源的主体（担い手）であるとは、自らの構造を計算しつつ内蔵秩序から顕然秩序を生み出す過程が非意識的で物理的なモニター機能をもつことを意味する。この場合、人間的な意識的経験をモデルとして理解することは決してできない。とにかく「言葉」というものには限界がある。そこで「万物のアルケーとしての〈経験〉」という言葉も、視野を広げ理解を深めるための道具、登り切ったら捨てられるべき梯子として理解すればよいのである。

プラトンの『ティマイオス』からアレクサンダーとホワイトヘッドへと受け継がれた自然の秩序の問題は、前世紀以来の自然科学における自己組織化理論と接点をもっている。また、最近興隆してきた量子情報科学とも関係が深い。「自己組織化する量子宇宙」という考え方は「時―空を基盤とした有機体としての宇宙」と親近性があるのだ。

時間と空間がこの宇宙の根本的構成要素であること、ならびに宇宙開闢におけるそれらの創成に関しては、古来様々な分野で嫌というほど論じられてきた。これを無視することはできない。そこで次に自然の秩序と時空の関係について考えてみよう。

4　自然の秩序と時空

時間と空間は言うまでもなく物理的自然界の根本的構成要素である。そして同時に我々の経験の根本形式でもある。実在論的観点から言うと物理的時間と経験的時間（現象的時間ないし心的時間と言い換えてもよい）の間には連続性がある。それに対して観念論的視点からすると物理的時間と経験的時間は二元論的に分離される。両者の間に連続性を認めない限り自然の秩序と時空の関係を十全に把握することはできない。

人類は古来、時間と空間の本質に興味をもち、様々な視点からそれを探究してきた。話を西洋に限ってみると、ギリシア哲学においては近代哲学のような観念論的姿勢は希薄で、時間空間を自然的実在論の観点から眺める態度が優勢であった。そこで必然的に時間空間は、この物理的自然ないし宇宙の開闢との関連で論じられた。プラトンの『ティマイオス』はその最初の集大成であり、イオニアの自然哲学をイデア論によって統制し、それによって自然の秩序の理解を基礎づけようとしたものであった。そこでは、デミウルゴスが「永遠の似像としての時間」を創造したことが語られ、それは「数に即して円運動をしていくもの」として規定されている。また、そこでは感覚される事物を受容しその生成の舞台となる「場《コーラ》」についても語られているが、この「場」は時間とは違い、宇宙創造以前からあるものと想定されている[15]。

プラトンの言う「場」はいわゆる空間とは違う。そこで彼の場合、空間が宇宙開闢とともに創造されたのかは明確ではない。しかしその後、自然哲学や物理学の領域で空間も時間とともに創始されたという見方が優勢となった。もちろん、宇宙には始まりも終わりもないという考え方は洋の東西を問わず古くから存在する。また、宇宙の始まりを云々すること自体が有限な人間理性にとって不可能なことだと断定する者もいる。このように考える人はたいてい観念論的な思想家である。我々は思考の矛盾をいく分犯しても実在論的見地に立つ方がよいのである。なぜなら矛盾のうちに高次の真理に到達する可能性が隠されているからである（ディアレクティケーの意義を想起されたい）。

我々は、たしかに宇宙の始まりを肉眼で見ることはできないし、人間の知性のカテゴリーによる構成的把握にも限界がある。また宇宙物理学に代表される自然科学的研究がすべてを解き明かしてくれるわけではない。しかし、現代物理学におけるビッグバン宇宙論はプラトンの『ティマイオス』の脱神話化的形態として理解できなくもない。

とにかく、プラトンも現代物理学も基本的に宇宙には始まりがあり、その始まりとともに時間と空間も作動し始めたとみなす。ただしビッグバン宇宙論は自然の秩序を問わない。それを問うのはシステム科学的な自己組織性理論である。また、言うまでもなく哲学においては古代から現代まで自然の秩序は思索の中心課題であった。

　ビッグバン宇宙論はたしかに興味深いが、それに関与しなくても「自然の秩序と時空」という問題は十分考えることができる。換言すれば、宇宙の始まりといった大それた問題を抜きにしても経験的レベルで自然の秩序とその時空構造は理解できるのである。哲学からの寄与としてはこれが有効だと思われる。その際、注意が払われるべきなのは、我々が経験している時間と空間は自己組織化する自然の分有体であり、人間主観に特有の観念形態ではない、ということである。

　我々の経験は心身統合的なものとして生命的脈動感に満ちている。そして、そのほとんどは生きた自然の脈動に触発されて生じるものである。自然の脈動は空間的要素と時間的要素の統合からなっている。前に雷の例を出したが、大木やその周囲の空気によって受容されるその自然放電は、我々の耳を劈《つんざ》き心臓に轟《とどろ》くあの衝撃と同様の脈動性をもっている。こうした例においては、自然と経験の間に分断はない。両者は脈動的相即性の関係にあるのだ。つまり、ここには主観と客観の二元対立はなく、ただ自然と一体になった経験が存するのみである。もちろん主観的ないし心的極と客観的ないし物的極へと経験を二側面化することはできる。しかし、それは便宜上のものであって実在に関するものではない。

　有機体としての宇宙全体が「私」を通じて経験を発動せしめており、時間と空間が一体となった〈時―空〉がその脈動を統制している。この表現は少し詩的だが、哲学上の概念的洗練と自然科学的研究の深化、ならびに両者を統合するシステム論の発展によって、こうした思想は普遍妥当性を獲得していくのである。事実、筆者がこういう発言をするのは、個人的な想念からではなく、諸々の哲学思想や現代科学の観点を摂取した上でのことである。どういう思想や観点からなのは、これまで何度も言及してきたので繰り返さない。

時計やカレンダーによって表される等質的時間と我々が体験する質的時間もその出所は自然であり、その秩序性には相即性がある。面積や体積や距離、あるいは形態によって示される物理的空間性と我々が身体感覚において体験する空間性もその出所は同様に自然であり、両者の秩序には構造的相即性がある。以前―以後、速い―遅い、上―下、右―左といった時間と空間の諸秩序は我々が自然に投げかけた主観の投影物ではなく、自然の自己組織性の心的反映物なのである。また、物体の運動一つとっても分かるように、時間的性質と空間的性質は混合している。我々の身体的経験もそうである。アリストテレスが時間というものを、物体の運動の観察に即して「以前と以後という観点から見られた運動の数的性格」(16)と定義したとき、時間は空間から切り離して理解されていなかったのである。

自然は自ら秩序を生み出す自己組織性をもっており、その根本形式が時―空である。その自己組織性と形式が情報として我々に受容され時間と空間の概念が生じる。しかし繰り返すが、この際、自然が先か人間が先かという議論は無用である。両者が一体となった自己組織化的自然の脈動が人間的経験の脈動を分有体として発動させているだけなのである。

ここで言う自然の自己組織性は形相因と目的因を重要な構成契機として含んでいる。このうち形相因は空間性に関係し、目的因は時間性に関わる。空間的秩序が自己組織化されるとき、幾何学的パターンが複合的に形成され、様々な形態が相互に整合性をもって発現する。こうした空間的パターンを生み出すパターンの親玉が形相因、つまり形態付与の働きの原理としての原因である。他方、時間的秩序が自己組織化されるとき、継起的で過程的なパターンが複数形成され、それらが同一の終結態へと合流するような様相を呈する。こうした時間的パターンを生み出すパターンの親玉が目的因、つまり完成態へと誘導する組織化の原理としての原因である。

このような目的因と形相因を含んだ時―空は、生命体においては形態形成と形質発現の「場」ないし「情報場」として機能する。各生命体を構成する膨大な数の細胞の核内にあるゲノム（遺伝子の総体）は、同一の生命体においてすべて分子構造（塩基の配列）が同じである。しかし、それが身体のどの位置にあるかによって遺伝子発現が異なる。たとえば人間の場合、脳と心臓と骨髄ではそれぞれ遺伝子の発現が異なる。脳内細胞核内のゲノムは脳神経システムを構築し、その働きを維持するように遺伝子が発現するし、心臓を構成する細胞の核内のゲノムは心臓を形成しその機能を維持するように遺伝子が発現する。骨髄やその他の臓器、身体部位においても同様である。これは生物の形質発現がＤＮＡの分子構造（先天的プログラム）によってすべて規定されていないことを示している。形質が発現するためにはその励起媒質としての「場」が必要であり、それは位置の情報と生成の情報という時―空的内容を伴っているのである。言うまでもなく脳や心臓や膀胱には身体システム内での位置と役割があり、それが「位置の情報」として遺伝子の働きの励起媒質となるのである。(17) また、生命体は発生から死に至るまで不断の生成過程にあり、これが「生成的時間の情報」として遺伝子の働きを左右するのである。さらに生命体を包む外部環境の空間的―時間的情報がそれに加わる。

このような時―空的情報場の働きは無機物の世界にも見られる。雷雲の形成、洪水の発生、竜巻の発生、地震の発生、火山の形成、地殻の変動、河川の形成といった自然現象は、すべてそうした現象が起こる位置や生成の過程によって規定されており、それがどういう物質組成をもつかによってのみではとうてい説明できない。つまり、こうした自然現象の自己組織化には時―空的情報場が励起媒質として関与しているのである。

人間をはじめとする生物の群れが形成する社会的現象にも、こうした時―空的情報場が深く関与する。つまり、それが生命個体の意識と行動に働きかけ、集団行動による社会秩序の形成を左右するのである。(18) たとえば、あるセンセーショナルなニュースの報道があったとする。それを聞いた複数の人が集会を開いて、何か行動を起こそうとする。これは規模の大小はあれ、よく起こる現象である。こうした現象が、時間と空間の要素によって彩られた社会的「場」において起こる自己組織化現象であることは、特に説明を要しないであろう。生命個体間のコミュニケーションを可能とする「言語」もまた、時—空的情報場をモニターする機能を核としている。それは、人間の明確に分節された音声言語からミツバチの尻振りダンスのような身体言語に至るまで同様である。

要するに、自然の秩序は生物と無機物と社会の三領域に及ぶものであり、それらの秩序はすべて時—空的情報場が励起媒質となって形成されるのである。これによって、秩序がもっぱら人工のものであるという臆見は打破され、自然の自己組織性としての秩序が時—空的情報によって深く規定されていることが理解できるようになるであろう。

注

（1）カント『判断力批判』（上・下）篠田英雄訳、岩波文庫、二〇〇七年を参照。
（2）プラトン『ティマイオス』（『プラトン全集』12、種山恭子訳、岩波書店、一九八七年）を参照。
（3）Cf. A. N. Whitehead, *Process and Reality*, The Free Press, New York, 1978（山本誠作訳『過程と実在』（上・下）松籟社、一九九八年）
（4）W・ハイゼンベルク『現代物理学の思想』河野伊三郎・富山小太郎訳、みすず書房、一九七〇年を参照。
（5）L. Wittgenstein, *Tractatus Logico — Philosophicus*, Routledge & Kegan Paul, London, 1971, 6. 44
（6）Vgl. Leibniz, *Vernunftprinzipien der Natur und der Gnade*, Felix Meiner, Hamburg, 1982
（7）D・ボーム『全体性と内蔵秩序』井上忠他訳、青土社、一九九六年を参照。
（8）I・プリゴジン／I・スタンジェール『混沌からの秩序』伏見康治他訳、みすず書房、一九九三年、三〇ページ
（9）以下の文献を参照。A. N. Whitehead, *Science and the Modern World*, The Free Press, 1997（上田泰治・村上至孝訳『科学と近代世界』松籟社、一九八七年）, *The Concept of Nature*, Prometheus Books, New York, 2004（藤川吉美訳『自然という概念』松籟社、一九八二年）, *Modes of Thought*, Macmillan, Tronto, 1968（藤川吉美・伊藤重行訳『思考の諸様態』松籟社、一九九九年）I・プリゴジン／I・スタンジェール、前掲書

（10）このような考え方の例として以下を参照。S. Alexander, *Space, Time and Deity*, Macmillan, London, 1920、E・ヤンツ『自己組織化する宇宙』芹沢高志・内田美恵訳、工作舎、二〇〇一年

（11）この点に関して、日下部吉信『ギリシア哲学と主観性』法政大学出版局、二〇〇五年を参照。

（12）Cf. A. N. Whitehead, *The Concept of Nature*

（13）S・マリン『隠れたがる自然――量子物理学と実在――』佐々木光俊訳、白揚社、二〇〇六年を参照。

（14）S・ロイド『宇宙をプログラムする宇宙』水谷淳訳、早川書房、二〇〇七年、「計算する時空――量子情報科学から見た宇宙――」（佐藤勝彦編『時空の起源に迫る宇宙論』（別冊 日経サイエンス一四九）日経サイエンス社、二〇〇五年）などを参照。

（15）プラトン、前掲書。なお、三宅剛一『学の形成と自然的世界』みすず書房、一九七三年も参照。

（16）アリストテレス『自然学』（『アリストテレス全集 3』出隆他訳、岩波書店、一九八七年）を参照。

（17）B・グッドウィン『DNAだけで生命は解けない――「場」の生命論――』中村運訳、シュプリンガー・フェアラーク東京、一九九八年、G・M・エーデルマン『トポバイオロジー――分子発生学序説――』神沼二真訳、岩波書店、一九九二年などを参照。

（18）H・ハーケン『自然の造形と社会の秩序』高木隆司訳、東海大学出版会、一九八五年を参照。

第7章　創発の存在論

はじめに

これまで何度も「創発」という現象に言及してきたが、ここで改めてその存在論的身分について考えてみよう。つまり「創発」という現象が、この実在界における存在の階層ないし領域を理解する際にどういう理論的役割を果たすかを明らかにしたいのである。また翻って、「創発」そのものは存在のどういう側面に属すのかを問いたいのである。そして、この考察は必然的に「実在世界の根本原理としての情報」という問題系に連なっていく。

学術用語としての「創発（emergence）」の基本的意味は次の二つである。まず「先行する与件ないし事象の線形的加算からは後に出現する事象の性質は予見できない。つまり、予想できない新しい性質が現れる」ということ。次に「全体としてのシステムがもつ性質はそのシステムを構成する個々の要素の総和からは導き出せない。換言すれば、システムの全体的特性は要素の総和をはるかに超えている」ということ、である。ちなみに英語の emergence の日常的用法における意味は、「現れ出る」「出現する」「浮かび出る」「生じる」「脱出する」などである。また関連語の emergency は「突発事態」「緊急事態」を意味するが、この英単語はビルの非常口の標示でよく見かけるので、読者の方々にも馴染み深いものであろう。

学術用語は基本的に日常語の意味を洗練して普遍化したものなので、両者の間には当然連続性がある。emergence の場合も同様である。ただし emergence の学術的な二つの基本的意味のうち、最初に挙げたものが日常的意味との連続性が強く、二番目のものは拡張的で応用的なニュアンスがある。しかし、日常出会われる出来事や体験内容は、注意深く観察すると二番目の意味も包含していることが分かる。それゆえ、emergence は学術的意味でも日常的意味でも「予想できない新しい性質が現れる」ということと「全体は要素の総和を超えている」ということの二つを包摂しているのである。

我々の認知機能は基本的に物事を部分や要素に分けて理解する方向に定位している。また我々の存在理解は基本的に「こと」よりも「もの」に向かいやすい。なぜなら、全体よりも要素、「こと」よりも「もの」の方が抽象的でなくて具体的なので理解の網にかかりやすいからである。さらに、我々は出来事や事象を理解する際に、本来時間的相をもち生成的なそれらを空間的な静止相に還元しようとする傾向がある。なぜなら生成的な現象は、現れては消え消えては現れるので、理解の網で捕獲しにくいから、我々はそれを理解の座標空間の一点に、時間的相を剥奪して取りまとめようとするのである。これは「こと」を「もの」に還元することであり、プロセスを実体に置き換えることに他ならない。こうした傾向はすべて「物象化的倒錯」として一括できる。前世紀の多くの哲学者が、この物象化的倒錯と戦ったことは記憶に新しいことであろう。ちなみに前世紀以来、物理学における物質理解も物象化からの脱出であることを指摘しておきたい。

物象化的倒錯の罠にかかりやすいものの一つして「意識」という現象がある。周知のように意識は、手にとって重さを量ったり大きさを確認したり色を識別できるような代物ではない。それは、現れては消え消えては現れる、ふわふわした捉えどころのない現象である。しかし我々は、名詞を見るとそれに対応する実体的対象を探してしまうという悲しい性《さが》をもっているので、「意識」や「心」を「とにかくどこかにあるモノ」として理解しようとする。そして、多くの場合それらは「非物質的実体」として物象化されてしまう。あるいは、反転してそれらを非存在の領域に追いやり、実在界から消去しようとする。いずれの場合も、「プロセスが実在であり、〈もの〉よりも〈こと〉の方が根源的である」という観点とは縁遠い軽薄さを暴露している。

意識は、ジェームズが言うように「ものではなくてプロセス」なのである。またそれは、循環が心臓の、呼吸が肺の、代謝が肝臓の、消化が胃の機能であるのと同様に、脳の機能である。ただし、脳は環境との関係が深い情報システムなので、他の臓器よりもその機能発現が複雑なことを顧慮しなければならない。現代脳科学は基本的に意識を脳の創発特性とみなしているが、この脳に対する意識の創発性を理解する際にも物象化を超える存在理解が要求される。そして、それを洗練することは脳科学に精通した哲学者の仕事である。

意識という現象において顕著なように、ある複雑なシステムは他のシステムとのいく重にも渡る関係性において賦活される形で機能するので、それを座標空間の一点に収斂させて理解するような姿勢では、その本質をとうてい捉えることはできない。複雑系の科学におけるシステムの「創発的振る舞い（emergent behavior）」という概念は、プロセスの存在論との対話においてより深められるものである。

実在界におけるすべての事象は多面的相をもつが、それは他の事象との関係性から生まれる。ところが、我々の認知能力は基本的に物事の一面をクローズアップして捉える傾向が強いので、他との関係性から生まれる多面性を軽視ないし無視しがちとなる。他方、関係性は、ものではない「こと性」とプロセス性に深く関わるので、創発現象の存在論的意味を理解する際の重要な思考案件となる。

実体が実体として現れるためには、関係のネットワークが形成する「現出の場」が必要である。そして、この「現出の場」は「世界の情報構造」の一側面である。そこで、創発の存在論を構築するためには、「世界の情報構造」が実体の現出の場として機能する様式を明らかにしなければならないことになる。

とにかく我々を取り巻く日常的出来事は創発現象で満ち溢れている。それは心的出来事と社会的出来事と自然的出来事の三階層に遍く満ちている。このうち心的存在領域は創発の独壇場として理解されやすい。なぜなら意識は物理的存在領域に見られる決定論的因果性から最も隔たった自由自在性をもっているように感じられるからである。意識は、想像を働かせて過去・現在・未来を自由に飛びまわるし、現実には離れているものを結合し、結合しているものを勝手に引き離す。また、生理的因果性ないし動物的本能に逆らって精神的崇高性を示す英雄的行為をすることもできる。そこで、創発はおいおい心的存在領域にのみ属す想像的現象であるかのよう受け取られる破目になる。つまり、創発は心的存在領域に限定される主観的現象であって客観的実在性をもたない、というわけである。しかし、「それは主観的だ」と括れば即それをまじめに取り扱う必要がないとする姿勢は、そもそも主観―客観図式を実在の把握に直接適用できると思い込んでいる時点で落第なのである。創発は主観的現象などではない。それは自然界の実在的プロセスにしっかりと根を下ろした物理的現象なのである。

物理的現象はもともとピュシス（根源的自然）の発現形態として、人間の恣意によって捏造された「客観的実在性」という範疇で括られるような代物ではない。それは、自然自体が能動的な自己組織化の主体（エージェント）として情報構造を宇宙全体に張り巡らしているがゆえに生じたものであり、主観性も包含する豊かな感覚的性質を備えている。それゆえ我々は自然の秩序や美に直面して詩的情念を抱くのである。もちろん厳密な数学的物理学の手法で自然のメカニズムを説明することもできる。しかし、それをもって自然の全面的把握とみなすのはあまりに狭量な態度である、と言わざるをえない。自然は感覚的現出性と数理的構造の統合からなっていると考えた方がよい。

決定論的な機械論的自然観は西洋近代に特有のものだが、現代にも波及している。しかし、前述のようにプラトンやアリストテレスの自然把握、そして前世紀のホワイトヘッドの有機的自然観、さらには今日の非線形科学による新たな自然学の構想(1)は、すべて創発概念の存在論的重要性を示唆している。つまり、数理的―幾何学的秩序をもち、目的因によって賦活されるダイナミックな自然のプロセスは、形相因としての information を基底とする「創発の豊饒な海」なのである。

ところで、あるシステムが「有機的である」ということは、それが構成素の有意義な結合関係によって一つの「社会」を形成している、ということに等しい。たとえば、生物の体は細胞の社会であり、日本は都道府県、市町村、住民といった多層的観点から捉えられる構成素の有意義な結合体としての社会である。また、脳は神経細胞のネットワークが形成する心（情報要素）の社会であり、工場やタクシーもそのようなものとして一つの社会である。ホワイトヘッドは、電子や原子といった微小粒子ですら一つの有機体であり社会であると断言する。[2] これらはすべて、存在を関係の網の目の中に置いて理解し、実体主義と個体主義を排除しようとする観点を表している。そして、この観点が「生成」を重視する存在論的視点と融合して「創発の存在論」が熟成するのである。

「創発」は、関係性によって構成され生々流転を繰り返す実在界の根本に存する現象である。我々は以下の論考をもって、「創発」の存在論的意味の解明の第一歩としたい。考察は次の順序でなされる。(1)身近に起こる創発現象。(2)部分と全体、あるいは要素とシステム。(3)水とH_2O、あるいは心と脳。(4)還元と創発。(5)創発特性のトップダウン的働きとその実在性。(6)創発概念が形相因や目的因に対してもつ意味。(7)存在と生成、あるいは生命と進化。(8)創発の存在論。

1　身近に起こる創発現象

導入部でいきなり難しい話をしたので、次に日常出会われる身近な現象に焦点を当てて「創発」の概念を考えてみよう。そうすれば初心者にも分かりやすくなるであろう。またそうすれば、一見神秘的で超自然的に思われる「創発」が、ありふれた自然的現象としてリアリティをもっていることが理解できるであろう。

創発とは予期せぬ事態が起こることである。また要素の線形的加算からは全体の性質は導き出せない、ということである。北京オリンピック男子一〇〇メートルの決勝でジャマイカのウサイン・ボルト選手は九・六九秒という驚異的記録を出して優勝した。しかも後半余裕の走りをしてこの記録であった。短距離走の世界記録はオリンピックや国際陸上大会の決勝で出やすい。なぜなら、決勝に残った八人の選手はみな精鋭であり、第一コースから第八コースまで粒が揃うからである。こうして八人は力を出し合って競合的「協力現象《シナジー》」を引き起こす。つまり、スタートダッシュから横並びの甲乙つけがたい猛者たちがお互いの力を引き出し合い、結果として優勝者の記録に拍車を駆けるのである。一人で走っていては競合者の刺激がないので記録が伸びない。また、レベルの低い選手に囲まれて走っても記録への潜在能力は引き出されない。ボルト選手の世界記録樹立はまさに創発現象であった。

また、北京オリンピック男子一〇〇×四リレーでは個々の選手のレベルがあまり高くない日本チームが健闘して銅メダルを取った。もちろん優勝したのは四人のレベルが非常に高いジャマイカであったが、構成員のレベルがみな高ければ金メダルを取れると言えないのがリレーというものなのである。たとえば一〇〇メートルを一〇秒ジャストで走る選手四人のチームと九・九秒で走る選手四人のチームを比較すると、線形的思考では前者が後者に勝てる見込みがない。しかし、現実には前者が後者に勝つことが少なからずある。まずバトンパスに失敗するというのはよくあることで、アメリカチームに特徴的な現象である。また個人記録に力点を置く強豪国はリレーの練習をあまりしない。そこでバトンを落とすことはないけれどパスの際にもたついたりして遅れることがある。それに対して、個々の選手の力がそれほどでもない日本のようなチームは、まず間違えることのないバトンパスと全体のスムーズな流れで健闘し、予想外のメダル獲得に至るのである。これもまた創発的現象である。

我々はみな小学校から高校までに習った算数や数学に毒されており、世の中すべて$1+1=2$のようにすんなり割り切れると思い込んでいる。しかし現実の世界は多面的で複雑なので、とうていそのような割り切りでは括れない。$1+1=2$が間違いなのではない。ただ、それが複雑多面多層的な関係的世界の一局面を切り出したときにのみ当てはまるものだと言いたいのである。これは物理的世界にも当てはまることである。現実の世界が要素の線形的加算で理解できると考えるのは、$(a+b)^2=a^2+b^2$とみなすようなものである。周知のように$(a+b)^2$の解はa^2+b^2ではなく$a^2+2ab+b^2$である。これを前掲の例に当てはめてみると、2abは非線形的創発現象を引き起こす変数ないし結合要素として理解できる。つまり、リレーの場合2abはバトンパスと個々の選手のリレー向けの走りの熟達に当たるのである。これが全体としてのスムーズな走りを実現している。しかし、個々の要素にのみ着目して、その線形的加算から全体を捉えようとすると、$(a+b)^2=a^2+b^2$とみなすような単純な間違いを犯してしまうのである。ボルトの場合2abは相乗効果を引き起こす変数として理解できる(3)。

創発現象はまた因果的決定論に対する反証でもある。前世紀の中盤に遺伝子の物質的実体たるＤＮＡの分子構造が解明されて以来、人間をＤＮＡの乗り物とみなす人が多く現れ、遺伝子決定論という思想が蔓延《はびこ》る破目になった。この思想の要旨は、個々人の人生は遺伝子ＤＮＡ、あるいは遺伝子の総体たるゲノムに先天的に書き込まれたプログラムによってあらかじめ決められており、各人の行動と意識はすべて遺伝子の先天的プログラムによって決定されている、というものである。この考え方の根底にあったのは、生命現象すべてをＤＮＡ→ＲＮＡ→タンパク質の形質発現というボトムアップ的な一方向性から理解しようとする姿勢である。しかしセントラルドグマと呼ばれるこの理論はすぐに破綻した。環境からの情報入力が遺伝子発現に影響を及ぼすことが判明したのである。ただし、これは遺伝子決定論を全面的に否定するものではない。遺伝子には決定論的性格と非決定論的性格が共属しているのである。しかし、ＤＮＡの分子構造という物質的基盤の発見は思慮の浅い科学者を魅了し、その結果彼らは決定論的側面のみを過大評価してしまったのである。これは還元主義の科学の欠点を示唆する現象である。現実は還元主義的見方では割り切れない複雑な非線形的構造をもっている。つまりそれは創発的現象で満ち溢れているのである。人の意識と行動、さらにそれらの集積体たる人生は、非決定的偶発事件に満ちている。それはなぜであろうか。

人の行動はその人独りでなされるものではない。いかなる局面においてもその人の行動は他人や社会的―自然的環境という外在的要因によって左右される開放性をもっている。意識もまた同様である。それはいかなる状況においても個人の内面で完結する心的現象ではなく、行動を介して外在的要素に関わりつつ自らを編成する非閉鎖的認知システムである。そこで人生行路の諸段階における諸現象はすべて創発的性質を帯びることになる。

たとえば、ある女性（A子）がある男性（B男）に好意をよせており、その男性を独り占めしたくて交際を迫ったとしても、たいてい別の女性（C子）が割り込んできて最初の女性の夢を砕くというのが実情である。これは果たして遺伝子決定論によって説明可能な事態であろうか。遺伝子決定論に従えば、A子の人生の出来事はすべてA子の遺伝子の先天的プログラムによって決定されており、本人の意志では動かせない、ということになる。それではB男が現れること、ひいては彼が生まれたことまでもがA子の遺伝子に書き込まれており、それによってプログラムされていた、とでも言うのだろうか。これはまだ強引なこじつけによって言い抜け可能な主張である。しかし、ここでA子の遺伝子決定論とB男の遺伝子決定論を対決させてみると、とたんに決定論のぼろが出る。B男の遺伝子や観点を顧慮するとA子の遺伝子決定論は単なる独我論であることが判明するのである。換言すれば、B男中心に考えると、今度はA子の人生がB男の遺伝子によってプログラムされていたということになって、A子の遺伝子決定論という最初の前提が成り立つ余地がなくなるのである。

現実の世界は二つの対立する要素というだけではなく、前例のC子のような第三、第四の要素が複雑に絡み合う創発現象の宝庫である。A子がB男を好きになったのも、C子が二人の間に割り込んだのも創発現象である。しかし、そうするうちA子が白血病になり、C子が胃がんになり、二人とも若くして死に、残されたB男は二人よりさらに魅力的なD子と結ばれるということもある。ここで注意したいのは、A子が白血病になりC子が胃がんになったのは遺伝子の働きによるところが大きいということである。これはある程度遺伝子決定論を支持する現象である。そして他の要素との関係から比較的切り離して理解しやすい線形的現象なので、物質科学的に実証しやすく還元主義的に理解しやすい。そこで多くの人がこういう現象のもつ割り切りやすさに吸引されて、軽薄に「それ見ろ。やはり遺伝子によって決定されてるじゃないか」と嘯《うそぶ》くのである。

しかし、厳密に言うと遺伝子が単独で病気を発現させるのではない。遺伝子と環境が相互作用して病気の発現の十分条件を形成するのである。ここでもまた環境という外在的要因が重要な地位を占めている。ちなみにA子やC子の意識や行動も遺伝子に対しては創発的身分にあり、遺伝子から見ると外在的要素であると言えることに留意したい。

とにかく我々は、線形的思考や単純な因果論によって割り切れる現象に着目して決定論や還元主義を擁護したがる。というよりは賛美したがる。そこで「創発」の重要性は視野に入ってこなくなる。しかし、君自身の人生、毎日の生活で起こる事柄、社会や自然界の事象を注意深く見渡してみれば、決定論や還元主義で割り切れる現象は僅かであることが分かるであろう。ただし、こう説明されても、相変わらず「創発」というのは、還元主義の科学が十分発達していないがゆえに暫定的に事象に割り当てられた言い訳であろう、という想念を民衆から消すことは難しい。つまり、創発の概念は超自然主義や超感覚主義を示唆するオカルト紛いのものだという誤解は払拭しがたいのである。こうした誤解ないし偏見は、科学に精通した人とそうでなくて単にそれを盲信している人双方に見られる傾向であるが、その根底にあるのは存在理解の貧困である。根本的存在論がなっていないので、いくら科学的議論を加味しても拒絶反応を示してしまうのである。

A子がB男と出会うことは、いつか還元主義の科学によって解明され、遺伝子決定論がやはり正しかったということになるのだろうか。それとも非線形的創発現象をシリアスに受け取り、還元主義に歯止めをかけて創発主義的システム科学を進歩させることが、現実に根差した真の科学を樹立することにつながるのだろうか。いずれにしても注意しなければならないのは、科学は全部還元主義的ではないということ、換言すれば科学の理想形は還元主義を子分に従えた創発主義的システム科学だということである。繰り返すが、「創発」という概念は、合理的に理解できない事態を名指したものではなくて、より高次の現実把握を促すシステム科学の到達目標を示唆しているのである。

最後に興味深い問題を提出しておこう。現在（二〇〇八年一〇月）の日本の首相・麻生太郎の政治行動は、彼を構成する分子・原子・素粒子の構成によって説明できるだろうか。また政治物理学は還元主義の科学が極限まで進歩すれば実現するものであり、現状の社会科学的政治学は科学としては未熟なものであり、間違った方向への無駄な努力をしているのであろうか。ちなみに、この問題を考えるためには前述の質料因と形相因／目的因の区別を顧慮しなければならない。また前世紀以来、医学が、還元主義的科学の理念に照らせば本来排除すべき「心」という媒介項を積極的に取り入れてきている、という傾向にも注意する必要がある。科学の進歩とは何なのだろうか。それは哲学的存在論とどのように関係するのだろうか。このことをよく考えなければならない。

2　部分と全体、あるいは要素とシステム

創発の概念を理解するためには部分と全体の関係を把握することが要求される。なぜなら創発とは、全体というものが部分の総和を超えることを示唆する概念だからである。そして実在界のあらゆる事象は部分と全体性をもっている。それは心的事象、生命的事象、社会的事象、物理的事象、自然的事象といった諸領域すべてに当てはまる。

前述のように、我々の認知機能は基本的に物事を部分や要素に分解してもの的に理解しようとする傾向がある。それに対して物事ないし事象の全体性というのは分かったようで分からない概念である。空間内に固定され他の事物から明確に区別される個体性をもった事物は、その物体的外延性が明確なので、それを示せばそのまま全体性を捉えたかのように思える。たとえば、人間個人の全体性は、外から観察できる彼の物体的身体そのものである、と

いうふうに。これは自動車、ビル、机、掛け時計といった身近な対象にも当てはまる。あるいは、そうした対象の存在把握から類推されて、人間個人の全体性を彼の物体的身体そのものであるとみなす思念が生じるのである。

それでは、こうした対象とは違って、空間内に固定して捉えることが難しく、他との境界も曖昧で、時間的に生成変化を繰り返す流動性をもった事象についてはどうであろうか。そうした事象は外延性が明確ではないので、独立的対象のように物体を指示してそのまま全体性とみなすことは困難である。たとえば東京都や首都圏という事象は、たしかに地理的外延性は比較的明瞭だが、その構造—組織的内容を顧慮すると、その全体性は一筋縄ではいかないことが認知される。山手線一つとっても、その全体性は捉えがたい。それを構成する個々の駅と線路、ならびにその上を走る列車をすべて列挙すれば、それで山手線の全体性だと言えるであろうか。そうではなかろう。山手線は他の多数の路線との関係性において機能する連携的存在様式をもっている。またそれは、他の路線だけではなく、各駅周辺の街の情勢や住民の動向、ならびに他路線から乗り換えてくる他地域の乗客といった外在的要素も取り込んだ複雑系の存在様式をもっている。そこで山手線の全体性というものを精確に捉えるためには、こうした要素すべてを顧慮しなければならないのである。

ところで、直前に人間個人の全体性のことに触れたが、それもよく考えてみると山手線の全体性、あるいはそれ以上の複雑性をもっていることが感得できる。そもそも、外から観察される人の物体的身体の一塊を示して全体性だと自己満足するのは、あまりに軽佻な思考態度である。そう自己満足している人本人が、他人から「お前の全体性と本質は俺が見ているお前の物体的身体そのものであり、それ以上でも以下でもない」と言われたら憤慨するであろう。なぜなら彼は内側から意識をもって彼の全体性を生き抜いてきたからである。その全体性にはたしかに彼の身体が含まれているし、それは個々の臓器や組織から構成されている。そして、それをさらに要素に分解していくと約六〇兆個の細胞に至る。我々はよく他人事のように「人間は細胞の集合体に他ならない」などと嘯《うそぶ》くが、かけがえのない自分の事に関しては、それに尽きないと確信している。つまり、要素の集合体は私の全体性ではない、というわけである。

しかし、ここで誤解してもらっては困る。「内側から意識をもって生き抜く」とか「かけがえのない自分」といった事柄は決して自己完結的内面性を意味するのではなく、他との関係性から生まれる自覚の生命感覚的機能を示唆している、ということを見抜く必要があるのだ。なぜなら全体性とは「他との関係によって形成される有機的存在様式」だからである。そしてこれが、全体性が部分の単なる総和を超えていることの理由なのである。

この世のあらゆる事象は単独で存在するものでなく、他の事象との関係性の上に成り立っている。それゆえ個々の事象の本質は他の事象に向かって推移的である。全体性が本質というものと深く関係するとすれば、我々は事物の全体性というものを単なる個体外延内の部分の総和とみなす臆見を振り払って、複雑な関係的世界における創発的現象として理解しなければならないのである。

部分と全体の関係は要素とシステムの関係に置き換えられる。システムはあらゆる事象に備わった組織化の原理である。コンピュータに代表される情報処理機構のシステムは、ソフトウェアの組織化の原理として今日システムという言葉の代名詞のようになっている。その他、都市交通システム、株式会社の経営システム、大学の教育と研究のシステム……というふうにこの言葉は多方面で使われる。システムはたしかに全体性と関連はあるが、必ずしも事象の全体性をカバーするものではなく、事象のもつ組織、構造、機能といった事柄に深く関係している。そこで必然的に事象の形相因と目的因に関わることになる。

交通システムも経営システムも教育システムもみな特定の目的を目指して組織が形成され、構造が構築される。そして、そのように形成・構築されたシステムは目的関連的な「本質」を体現し、同時に「秩序」を顕現せしめる。形相（eidos, form）が情報（information）と深く関係することは、これまで何度も述べてきた。システムの形相関連性というものを考える場合、システムの組織化と秩序の形成が情報によって賦活されるということに着目する必要がある。なぜなら情報はシステムの自己組織化の原理であり、そのようなものとして形相因だからである。

システムを構成するのは「要素」である。それがどのようなものであるかはシステムの性質によって多種多様であるが、どれも単なる「全体を構成する〈部分〉」にすぎないものではない。システムの要素はすべて「情報を担った構成素」とみなすことができる。あるいは「形相因の微小粒子」と比喩的に表現することもできる。たとえば、企業の経営システムを構成する要素は取締役、社員、社内の規則、経営戦略、情報処理機構などであるが、どれも情報の担体として理解できるものである。これらの情報担体が有機的に結合・組織化されて一つの経営システムというものが出来上がるのである。しかも明確な目的性をもって。また、企業の経営システムは他の企業との関係や顧客の要望や経済情勢という外在的要素とも深く関係している。この外在的要素も情報担体として機能し、経営システムの在り方を左右するのである。今日普及が著しいパソコンのシステムもまた同様に、インターネットによるプロバイダや他のパソコンとの関係を無視しては考えられないものとなっている。

ところで、よく「システムが不安定になっています」という言葉を聞くが、これはハードウェアたる物体が壊れ始めていることを意味しないのは周知のことであろう。しかし、パソコンのユーザならよく知っているように、システムが不安定になればパソコンの機能は著しく低下する。そして、ひどい場合には使用不能になり、ついには修復不可能な損傷を受け、買い替えを余儀なくされる。ソフトウェアを軽視しているとこういう破目になるのである。世界ないし宇宙は質料因としてのハードウェアからのみなっているのではなく、形相因としてのシステム＝ソフトウェアがその背景にあり、これによって現実が成り立っているのである。

以上の説明で「部分と全体」と「要素とシステム」の関係が分かったと思う。そこで次に、創発現象の事例として最もポピュラーなものに着目して理解を掘り下げてみよう。

3　水とH_2O、あるいは心と脳

創発現象の初歩的説明においてよく出てくるものに水とH_2Oの関係がある。周知のように水の分子式はH_2Oである。つまり水は二個の水素原子と一個の酸素原子の結合からなった一つの物質システムである。それでは水という物質の性質はそれを構成する要素たる水素原子と酸素原子の性質から理解できるであろうか。単純な割り切りからでは決して理解できないのは素人でも分かるであろう。H_2Oは固体・液体・気体の三様態を取りうるが、我々に最も馴染み深いのは「液体」（つまり水）としてのそれである。ここで既に水とH_2Oの指示対象の相違が現れている。指示対象の相違というのは何気ないものだが、実は「意味」と「本質」の理解と不可分の関係にある。

液体としての水（H_2O）は、感覚的性質として流動性や透明性や濡れや温度をもつと同時に、物理的性質として高誘電率、高溶解力、高表面張力などをもっている。これらは水素原子と酸素原子が単独ではもちえない性質である。つまり、水（H_2O）は両原子に対して創発の関係にあるのだ。言うまでもなくこれは、要素の結合が生むシステム全体の性質が要素の総和を超えていることを示唆する。ただし、ここで「感覚的水」と「水分子（H_2O）」の指示対象、つまり意味が違うということも顧慮しなければならない。「感覚的水」は、水分子とその感覚的性質を知覚する人間の相互作用から創発するものであり、水分子とその外在的要素たる人間の感覚両者の関係性を指し示す現象である。つまり感覚的水はH_2O以外の分子を含んだより複合的システムなのである。H_2O以外の分子とは、知覚者の網膜や手や神経を構成する分子、あるいは周囲の空気の分子などである。

このことは何を意味するのだろうか。それは、この宇宙が基本的に孤立的実体の集合体ではなく、関係性をもった事象間の相互浸透から成り立っているということである。ところが、我々の認識能力は基本的に要素還元的で分

析的であり、存在理解に関しては「もの」に方向づけられているので、「他との関係から切り離されたものとしての〈水〉」に把握の矛先が向かってしまうのである。ちなみに、この逸脱は二重の相をもっている。まず感覚的水を水分子（H_2O）として周囲の分子的環境から孤立させること、次に水分子（H_2O）を水素原子と酸素原子の単なる結合体として理解しようとすることがそれである。しかし本来、水は感覚的相においても分子的相においても要素間の相互浸透によって形成される「複雑系」として理解されるべきでものある。

ちなみに、感覚的水に関してはこの理解の適用が容易であろうが、水分子に関してはそれを単純化する傾向が強いように思われる。しかしH_2Oといえども単純な水素原子と酸素原子の結合として済ませることはできない。その性質を理解するためには量子化学の観点が必要となる。アーウィン・スコットは次のように述べている。[4]

水分子は二個の水素原子核、一個の酸素原子核、それに一〇個の電子から構成される。水素原子核は質量がm_p、電荷が+eである。酸素原子核は質量が$16m_p$、電荷が+8eである。電子の質量は$m_e = m_p/1836$で、その電荷は−eである。分子全体としては電荷の総和が +e+e+8e−10e =0、原子価の総和が+1+1−2=0なので、水分子は安定であることが分かる。酸素原子における$2p$状態の混成により、電子雲はブーメランあるいはバナナのような形になる。したがって水分子の形は最もエネルギーの低い場合で

$$\begin{array}{ccc} & \overline{\mathrm{O}} & \\ \mathrm{H} & + & \mathrm{H} \end{array}$$

となる。ここで∠HOHは一〇四・五度である。

この形では、酸素原子の側に負電荷、水素原子の側に正電荷が、それぞれ偏って分布することになる。分子全

体としては電気的に中性であっても、このように内部電荷が偏位すると、分子はいわば電気的磁石のように振る舞う。このことと、水分子が互いに自由な回転を許すということとから、水は約八〇という高い誘電率をもつことになる。

このように分子H_2Oの形態がH—O—Hではなく 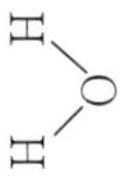 であるということは、そのこと自体をとってみれば一片の小さな事実にすぎないが、科学的階層性の観点からみると、より上位の階層で大きな意味をもってくる性質の一つである。

スコットは非線形数学の権威であるが、心脳問題にも造詣が深く、基本的に創発主義的心観をもっている。そして、その基本にあるのは実在界に階層性を認める存在論的見地である。その見地からすれば、巨視的な分子化学はミクロの量子化学によって詳細化されなければならない。その詳細化は水がH_2Oに対して創発的であるということの理解の基礎を授けてくれる。こうした説明は、非物質的次元とは無関係であるために信憑性を得やすいという利点がある。しかし、なぜH_2Oがこのような量子論的性質をもつかは依然として明らかではない。それを説明するためには形相因ないしそれに類似の原理が必要となる。形相は質料に対立する原理として、たしかに非物質的次元に属している。しかしエネルギーや情報といった抽象的な要素も物理的プロセスに含まれているとすると、水分子の形相因の探求はあながち捨てたものではないように思われる。実際、前述のように量子情報科学というものが興隆してきており、自然界の物理的事象に関する「なぜ」を合理的に問い始めている。しかもアリストテレスの形相概念を量子情報と結びつけて。

ただし量子化学の観点は水の感覚的性質に言及しないので、自然界の微小な複雑系である「感覚的水」の創発特性を取り扱えないという欠点がある。感覚的水の性質の創発には知覚者の意識ないし経験が関わっている。それでは意識は自然界の存在の階層のどこに属しているのだろうか。それは物質的次元から全く分離したものなのであろうか。それとも下位の物質的次元から段階を踏んで創発するものなのであろうか。真摯に考えた場合、後者の観点を取らざるをえない。そこで、次に心と脳の間の創発関係について考えてみよう。

心は意識を中心とする感覚―認知的現象である。そして、周知のように「これ」と指さしてその実体性を示したり、手にとって重さを量ったりすることができない。つまり、ふわふわした実体性のない虚構物のように思われる。そこで古来、人々は心を唯物論的に消去するか二元論的に非物質的世界に退避させるかの二者択一に明け暮れてきた。この二者択一（論理学で言う「誤ったジレンマの誤謬」）が、創発に関する無理解に由来することは言を俟たない。意識はジェームズが言うように「実体《もの》ではなくてプロセス」なのである。そこで、現れては消え消えては現れるプロセスを実在とみなす存在論が要請されることになる。さらにそれに、脳自体は外延をもつ物だが、脳神経系のプロセスは外延をもたない無際限の存在である、という点が加味されるべきである。

先の水とH_2Oの関係に当てはめて言うと、水が水素原子と酸素原子の性質の単なる総和を超える創発的性質をもつように、意識を中心とする心は脳を構成する神経細胞やグリア細胞や血管や脂肪組織などの要素の総和を超える創発的性質をもつ、ということになる。神経回路網などの脳の物質的構成物は、コンピュータのハードウェアに似たもので、ソフトウェアたる情報入力なしには心的機能を発揮できない。人間の脳は感覚器官を介して外界から情報を取り入れ、それを記憶と照合することによって心的現象を生み出すのである。それゆえ人間の心（別に哺乳類の心でもかまわないが）は、脳という物質的実体の外延を超えて環境世界に延び広がっているのである。そして、脳内（頭蓋内）の神経回路網の配線と結合の様式は環境世界の意味指示連関ないし情報構造を圧縮しコード化したものとみなせる。つまり、脳内神経回路網は外界の情報構造の縮尺的模型なのである。脳を切り開いてみても感覚的イメージや表象像や思考内容が出てこないのは、それらが非物質的世界に属すものだからではなく、身体に有機統合された脳神経系が環境と相互作用することから生じた情報的（つまり形相的）創発特性だからである。したがって形相としての心は質料としての脳に内在する高次の創発特性として理解できる。

心と脳の創発関係は、水とH_2Oのそれよりもより複雑である。つまり創発的高次存在態たる心は、水よりもプロセス性が強く、かつ周囲の環境との関係性の布置が複雑なのである。しかも心は情報的要因が中心となって形成されるシステムなので、形相的内実が豊かである。そこで二元論に逃げ込みたくなるほど脳に対する創発の度合いが高いのである。しかし、それは脳（より厳密には「環境と一体となった情報システムとしての脳」）の質料性から決して切り離しえない。それゆえ心と脳の創発関係はやはり水とH_2Oのそれの延長上にある。心と脳の関係の初歩的説明で水とH_2Oの創発関係がよくもち出されるのは適切だと言える。とにかく「物質が精神を生み出すわけがない」という臆見は、創発の存在論によって徹底的に打破されなければならない。

4　還元と創発

創発の概念はよく還元に対置されて説明される。還元とは全体を部分に分解しつつ事象の本質を把握する操作である。それゆえ分析ということと密接に関係している。近代科学は基本的に還元主義的である。また、この姿勢は古代の原子論的唯物論と親近性がある。あるいは、その後継であると言える。

還元主義によると水は水素原子と酸素原子に分解されて理解される。また心はその物質基盤である脳の構成要素に分解されて理解される。そして「要素に還元されないシステムの創発的性質」という考え方を嫌う。「そんなものは存在しない」というのが還元主義の最右翼たる消去的唯物論の主張である。たとえば、生命の本質はＤＮＡの分子構造に由来するから「生気」というような神秘的要素は消去すべきだ、と考える還元主義的生命観はその代表例である。また、心の本質は脳内神経回路網の情報処理の質料的基盤に基づくので非物質的精神という概念は不必要だ、とみなす唯脳論的心観もその際立った一例である。

それに対して創発主義は、システム全体が実現する性質は要素の個別的性質はもとより要素の総和をもはるかに超えるものだ、と主張する。しかし、ここで注意が必要である。創発主義はたしかに消去的唯物論を批判し排除しようとするが、還元の操作自体は否定しないのである。ところが通俗的な創発理解では、還元主義のもつ唯物論的割り切りに対する反感ばかりが前面に出て、システム理解の一翼を担う要素の分析という操作自体が軽視されてしまう。これは創発概念の悪用に他ならない。つまり、還元的唯物論から心や生命などの現象的性質を守るために、分析や還元の重要性を全く無視して、創発の概念にすがりつくのである。これでは神秘主義的観念論に陥らざるをえない。

創発主義者の中にはたしかに二元論者もいる。しかし創発主義の本道はやはり自然主義的一元論である。とはいえ、この一元論は頑なものではなく、システムの多面性を顧慮した多元論でもある。ジェームズは自分の存在論的立場を一元論的多元論にして多元論的一元論だと言ったが、この主張は真実在を物的でも心的でもない中性的要素に求める姿勢に淵源する。これは二元論成立の余地を完全に奪ってしまう中性的一元論の考え方である。創発概念の本質を把握するためには、ぜひとも二元論を超越しなければならないのである。

還元主義者は物的なものの固執しており、通俗的な創発概念の擁護者は心的なものに執着しつつ二元論に傾いている。本道がこの両者の中道を行くものなのは言うまでもない。還元と創発は相補的なのである。つまり、還元を欠いた創発は盲目だし、創発を欠いた還元は空虚である。創発性は複雑性とも密接に関係しているが、複雑性のみに着目して還元・分析を無視すると芸術家にはなれても科学者にはなれない。また、還元主義に固着して複雑性を無視すると哲学的深みのない技術的科学者になってしまう。真の哲学的科学を実現するためには、「複雑性・創発性」と「分析・還元」を前者優位の形で使い分けつつ両者を統合しなければならないのである。これは弁証法的思考法に沿って「あれかこれか」という二者択一を廃し、「あれもこれも」という折衷的立場を称揚することを意味する。

とにかく創発の概念は存在論的にもシステム科学的にも極めて重要であり、それなくしては世界の奥深い本性には決して到達できないのである。

5　創発特性のトップダウン的働きとその実在性

本章でも指摘したように全体は部分からなりシステムは要素からなっている。ところで、部分から全体へ、要素からシステムへの方向性をボトムアップと言い、全体から部分、システムから要素への方向性をトップダウンと言う。つまり、ボトムアップとは小さいものから大きいものへ、局所的なものから大局的なものへの上向きの方向性であり、トップダウンとはその逆の下向きの（天下りの）方向性である。ちなみに我々の現実理解の方法は基本的にボトムアップ的である。先の表現を繰り返せば、基本的にもの的存在論に定位しつつ事象の外延を確定し、それを要素に分解して現実を理解しようとする。しかも、それが何よりも具体性と真実性をもった理解方法だと思い込んでいる。そこで、トップダウン的働きを指摘されても、それが実在性をもたないふわふわした虚構概念のように感じられるのである。これによって、トップダウンは抽象的で観念的であり、ボトムアップは具体的で現実的だという通俗的思考図式が出来上がる。しかし、これはホワイトヘッドの言う「具体者置き換えの誤謬」に他ならない。つまり、実は事象の本質から程遠いものを、それが割り切りやすいという理由だけから、全体を包み込む本質的なものを押しのけて、「現実的なもの＝本当に存在する唯一のもの」に格上げしているのである。これを簡略化して言うと、抽象的なものを誤って具体的なものとみなしている、ということになる。

もちろん部分や要素も大切であり無視できないが、現実のより深い構造を把握するためにはシステムのもつトップダウン的働きを理解しなければならない。たとえば、たしかに水も脳も山手線も株式会社もすべて原子（あるいはよりミクロの素粒子）から成り立っているとみなすことができるが、それが事の一面を突いたものにすぎないことは思慮深い人ならすぐに分かるであろう。また、水→脳→山手線→株式会社と階層を上るにつれて原子への還元の効力が薄れてくることも感得されるであろう。さらに株式会社から高次の階層に進むと原子への還元がますます虚しいものに思えてくる。たとえば、自民党の政治とか名古屋市の都市計画とかマイクロソフト社の経営方針とかスウェーデンの福祉政策とかいうものをもち出されると、それを原子や素粒子に分解して還元主義的に理解すること自体が滑稽に思えてくる。どうしてだろうか。それは、これらのものが、プロセス性が強く脱外延的な関係的存在態をもつ創発的システムだからである。たしかにこれらのシステムも強引に物質的要素に分解して、「それ見ろ、やはり原子から成り立っているじゃないか」と嘯《うそぶ》くことはできる。しかし、それは複雑なシステムのもつプロセス性や関係性を無視してのことである。たとえば、名古屋市の都市計画をビルや道路の原子組成、あるいは市役所の職員や市民の分子組成から理解しようとしても、それらは大阪市や札幌市や福岡市と大差ないので、何ら本質を突くものとはならない。そのような見方は、ばらばらにされたジグソーパズルのピースよりもはるかに全体性理解への貢献度が低い。というよりほとんど無意味である。

しかし、我々の内なる幼稚な存在論的思考法は、「人間は物質にすぎない」とか「人間は細胞の集合体にすぎない」とか「この宇宙は根本的には物質から成り立っている」というテーゼにしがみつきたがる。そこで心や生命などの深い存在論的概念も軽薄な思考法の餌食となってしまう。それでは、愛とか平和とか信頼とかいうより観念性の強い言葉は、その内包性が無視されて原子に還元されるかというと、面白いことにそうでもないのである。もちろん脳内神経伝達物質やホルモンなどに還元するような見方もあるが、生活の便宜上要請される「形容詞の名詞化」のように受け取られて温存される傾向が強い。しかし、現実の世界は名詞によって表せる「対象的実体」だけから成っているのではない。そこには形容詞や接続詞や動詞に対応する関係的・プロセス的・機能的要素もあるのだ。そして、このことを理解することが「創発特性に満ちた複雑系としての現実」をしっかりと把握することにつながるのである。

以上のような考え方を参照すると、「全体的システムの創発特性のトップダウン的働き」というものが唯名論的思考法からは理解できないことが分かるであろう。しかし、それでいてこのトップダウン的働きは単なる観念ではないし、その働きの実在性を主張することは観念実在論というレッテルによって貶められるものでもない。そもそも唯名論vs実念論という通俗的な対置図式自体が克服されなければならないのである。そしてその際、情報を物質の根底に置く存在論が要求される。唯名論はデモクリトス流の原子論的唯物論の亜型にすぎないのである。それに対して、現代の量子情報科学はプラトンのイデアやアリストテレスのエイドスを参照しつつ自然把握を再構成しようとしている。また記号学の祖にして実在論的宇宙論哲学者のパースは反唯名論的であり、この姿勢がストウニアの「情報の物理的実在性」の思想に影響を与えたことは第4章で指摘した。とにかく、創発特性のトップダウン的働きを理解するためには現実のもつ関係的・プロセス的・機能的契機を理解しなければならない。これらは要素や部分というよりは「全体の自己構成を立ち上がらせる〈契機〉」という性質をもっているのである。

トップダウン的働きの具体例をいくつか挙げてみよう。

脳は全体として約一〇〇〇億個の神経細胞からなっており、これらが軸索（神経線維）を張り巡らせて複雑な神経回路網を形成している。すなわち脳全体が一つの神経回路網の巨大システムなのであるが、同時に神経モジュール（機能単位）の階層的構造をもっている。そこで、脳は神経細胞→局所的神経回路網→大局的神経回路網という階層から成り立っている、ということになる。その他、神経回路網を駆け巡る電気的信号やシナプスにおける神経伝達物質も脳の構成要素として重要である。

脳は、視覚や聴覚や記憶や情動や意志など様々な認知機能を扱う神経モジュールの集合体であり、これらの神経ないし認知の機能単位には局所的なシステムの状態が備わっている。また脳は同時に全体としての神経システムの大局的状態をもっている。常識的な考え方では、個々の認知モジュールの集積からボトムアップ的に大局的な脳の認知システムが形成されるとみなされるが、実は逆方向からの作用もあるのだ。つまり、神経モジュールの局所的相互作用の集積によって出来上がった脳全体の大局的なシステム状態がトップダウン的に個々の局所的神経モジュールに働きかけるのである。これは現象的な心理の次元で言うと、悲しみや食欲や美感といった個々の感覚がその人の心的全体性によって左右される、ということである。そして、この心的全体性というものは、その人のこれまでの生き様や現在彼を取り巻いている人間的・社会的・自然的環境と深く関係する生命的概念である。これが脳の大局的システム状態と相即しているのである。

人間の脳は身体に有機統合されつつ環境を付与されたものとして「世界内存在」という性質をもっている。それゆえ脳全体の大局的システム状態というものは、構成要素たる神経細胞や下位システムたる個々の神経モジュールからボトムアップ的に理解するという視点からは捉えられない「創発的性質」をもっているのである。それは、人間の脳が生物進化の過程で環境と相互作用しつつ神経システムを自己組織化してきた、ということの存在論的証《あかし》に他ならない。それゆえ脳と心の関係を精確に把握するためには生態学的生命の次元をぜひ顧慮しなければならないのである。

東京特別区や名古屋市のような巨大都市も脳と同じようなトップダウン的機能をもっている。東京特別区は、二三の個々の行政区をサブシステムとする一つの大局的都市システムとみなせるが、この全体的状態は要素たる個々の区の状態の線形的加算からは決して理解できない。なぜなら、東京特別区は都下、埼玉、千葉、神奈川という隣接地域と相互浸透する脱自的存在性格をもっており、その全体的システム状態を捉えるためには隣接地域との関係性を顧慮しなければならないからである。さらに、東京特別区は日本の中枢として全国の道府県からの関心を一身に受け、かつ諸外国からの来訪者も多い。こうした都市性格をもつ東京特別区の全体的システム状態を理解するためには、他の地域との交流とともに、二三の行政区間の様々な相互作用の集積というものを顧慮しなければならない。

とにかく東京特別区の全体的システム状態は個々の行政区、さらにはその中の小さな町へとトップダウン的に作用するのである。その様式は脳全体のシステムが下位の神経モジュールや神経細胞にトップダウン的影響を及ぼすのとほぼ同じである。人間の脳の神経回路網は環境世界の情報構造の圧縮的模型であるということも、実は創発的全体特性のトップダウン的働きということを強く示唆しているのである。

群集心理もトップダウン的機能をもっている。バーゲンでの商品の争奪戦やJリーグでのサポーター同士の衝突といった群衆行動において、個々の参加者は集団のエネルギーに圧倒されて、いつの間にか自分の意志に反した行動をしてしまう。これは、群集のもつ全体的状態がトップダウン的に個人の意識と行動を左右した、ということとして理解できる。人間や生物が社会的存在だとしたら、これは当たり前のことである。そもそもバーゲンや試合の情報なしには我々はその場に赴くことすらないのである。我々の意識と行動は、環境世界から切り離された精神的内面界から生じてくるのではなく、社会の情報システムによって触発されて始めて立ち上がるのである。

創発現象の例として、意識を欠いたアリやミツバチの集団行動による秩序形成がよく取り上げられるのもこのことと関係している。それに対して、システムのもつ全体的創発特性のトップダウン的機能に疑問をもつ者は、実は意識的構成主義の視点から部分と全体、要素とシステムの関係を捉えているのである。環境世界や自然に対しては事後的なものである意識を無批判に基発点にもってくるから、要素優位のボトムアップ的構成主義の観点に支配されてしまうのである。

ちなみに、そうした意識中心主義に囚われている人は、群ロボットにおける知能の創発ということも理解できないであろう。人工知能研究の一環としての群ロボット研究において、ロボットの知能の向上のためには個々のロボットに搭載された人工知能のプログラムをより複雑なものにするよりも、それを抑えたまま複数のロボットを交流させた方が効果的であることが分かっている。人間の意識投影としてのプログラムの精密化よりも、無意識的ロボットの相互作用から新しい知能の創発が起こるというわけである。これは、非平衡的開放系でないと創発現象が起こらないことを示唆している。[5]「非平衡的開放系」とは要するに「外と関係する系」のことである。先に挙げた脳や都市や集団行動すべてこれに属している。

ロボットでも人間でもお仕着せの中央集権的プログラムでは新しい知の創発は起こらない。分散した異種の知が自律的に相互作用することによって、いつの間にか新しい予期せぬ知やアイデアが生まれるのである。創発の現象がシステム論における自己組織化の概念と深く関係していることは識者には周知のことである。

ところで、創発の現象における部分と全体（要素とシステム）のボトムアップ―トップダウン関係を図式化すると上のようになる（**図7―1**）。この図において粒で表された要素の局所的相互作用（白ぬきの楕円）から大域的挙動（グレーの楕円）へのボトムアップ的方向性は理解しやすいであろう。しかし重要なのはやはり大局的挙動から要素集団へのトップダウン的作用である。また、このトップダウンによって賦活された要素集団が今度はボトムアップの機能をシステム論的に進化させて大域的「秩序」の形成に寄与するのである（b段階からc段階への進化）。

なお、ここで注意すべきなのは、白ぬきの楕円とグレーの楕円は実体として二つあるということではなくて、一つのシステムを二つの側面から見ればこうなるということである。創発的全体性のトップダウン的働きの実在性と

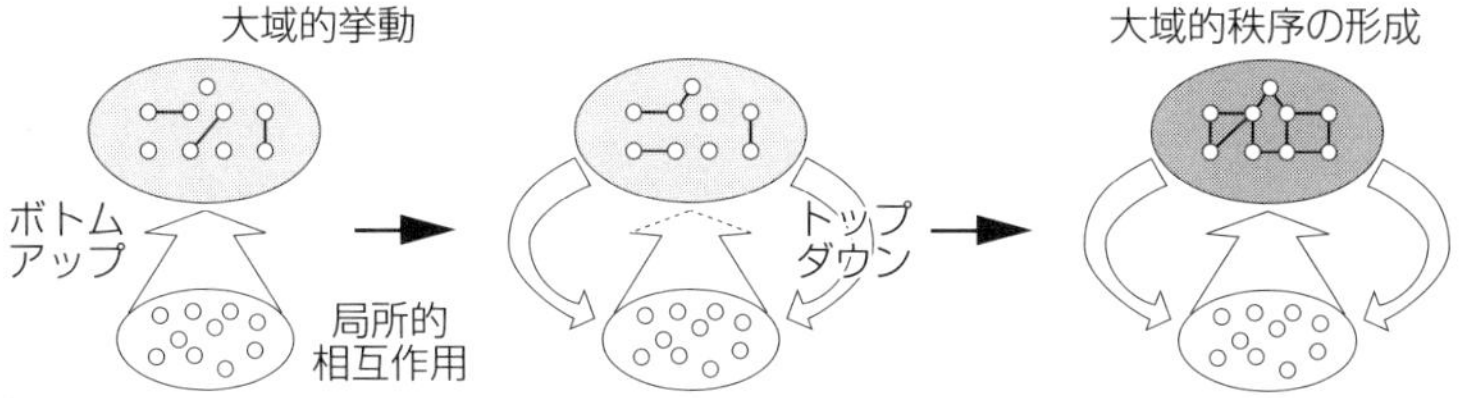

(a) 要素間の局所的相互作用から大域的挙動が現れる
(b) 大域的挙動が要素の環境としてフィードバックされる
(c) 大域的秩序が形成し，新しい機能を発現する

図7－1　創発現象におけるボトムアップとトップダウン[6]

いうことを理解するためには、ぜひこのことを顧慮しなければならない。創発的全体性が要素集団の外に実体としてある何物かだと誤解するから、それが神秘的な非物質性に思えてくるのである。それゆえ還元主義者は創発の概念を徹底して嫌う。また二元論の立場に身を移しても創発的全体性のトップダウン的作用の実在性は捉えられない。なぜなら、それはこの作用を超自然的領域に引き去ってしまうからである。創発現象は生気や神とは何の関係もない。それは全く自然内在的な自己組織化の現象なのである。

こうした創発現象のトップダウン的働きの実在性を捉えるためには、素朴なもの的存在論や二元論と唯物論の粗雑な二者択一を乗り越えつつ、関係の第一次性や要素間の相互浸透の理解をこと的存在論によって深化させなければならない。とにかく、システムのトップダウン的働きは日常至る所に現れており、それを顧慮することなしには現実の思考や行動は成り立たないほどである。我々は、無意識裡にいつの間にかそれを見越して生活しているのである。しかし、基本的に要素分析的な意識中心的思考法に立つとトップダウンが観念的な虚構物に思えるのである。しかし、現実の世界は創発現象のトップダウン的働きに満ちている。このことを我々は忘れてはならない。

6　創発現象が形相因や目的因に対してもつ意味

この宇宙はとどのつまり物質的微粒子からできている、という想念は消しがたく民衆の頭にこびりついている。そして、この想念の根底にあるのは素朴なもの的存在観である。デモクリトスの原子論的唯物論はこの存在観の最初の定式化であり、世界の成り立ちの説明に要求される「原因」をただ一つのもの、つまり質料因に収斂させた。しかし、これでは自然界の生成的現象や秩序の形成を説明できなくなる。そこでアリストテレスは質料因の他に始動因と形相因と目的因という三つの原理を立てたのである。(7) このうち始動因は質料因と類縁性があり、機械論的唯物論の説明体系にも組み込みやすいものである。それに対して形相因と目的因は機械論的唯物論とその根底にある原子論的唯物論には決してなじまない形而上学的概念である。

創発の現象が原子論的唯物論ともの的存在論によって捉えられないことは既に述べた。もう一度詳しく言うと、すべての事象を質料因（始動因を含む）に還元して理解しようとする原子論的唯物論は、この世界における目的をもった秩序の形成とその根底にある形相付与の存在論的原理に全く関心をもたないので、全体的システムのもつ創発特性とそのトップダウン的因果作用を問う視点を全く欠いているのである。しかし自然・社会・心の三階層に渡るこの世界は質料因だけではとうてい説明できない複雑性をもっている。自然という階層に限っても質料因だけでは説明できない。特に自己組織性と生命性が関与する領域ではそうである。

感覚的現象は仮象であって現実には原子と空虚しかない、と主張する原子論的唯物論は、世界の根本素材としての時—空のもつ形相付与と秩序形成の機能を無視して、それを「空虚」に置き換えているのである。ホワイトヘッド風に表現すれば、原子論的唯物論は自然を無時間的な空間的一断片に切り取って、それを真実在だと勘違いしているのである。この「一瞬における物質」という概念は、自然の自己組織性から生じる創発現象を全く視野の外に置いている。(8) これではとうてい自然を含むこの世界の生成や秩序形成や目的性を説明することができない。創発現象とそのトップダウン的因果作用（下向きの因果作用）を認めてこそ、そうした現象を説明する基盤が得られるのである。ちなみに、この逆もまた真である。つまり、こうした現象の根底に存する形相因や目的因をしっかり見据えて創発現象を存在論的に定式化することが、創発の研究をより精緻なものにするのである。

近代以降科学はずっと形相因や目的因を排除してきたが、前世紀の中頃から創発や複雑系の現象が注目されるにつれて、それらは古い形而上学から抜け出すような形で再生した。哲学の領域でも全体的世界観を原理論的に打ち立てる形而上学ないし存在論の流れはヘーゲル以降一時停滞していたが、前世紀にイギリスのアレクサンダーやホワイトヘッド、ドイツのハイデガーなどによって復興された。このうち前二者は創発ないしそれに類似の原理を中心に据えて宇宙論を構築した。アレクサンダーの立場は創発的宇宙観であり、ホワイトヘッドのそれは有機体の哲学、つまり宇宙有機体説である。

この二つの思想がプラトンの『ティマイオス』を継承していることは既に触れた。創発の概念は、この宇宙が自己組織化する一つの巨大な有機体であるということと密接に関係している。そして、その自己組織化活動に情報（information）が深く関与していることも既に触れた。それでは、ここで次に何を問うべきであろうか。それは生命体と非生命体双方に帰属する「より深く広範な生命原理」の存在論的基礎を問うことである。しかも創発現象を見越して。そこで当然注目されるのは「存在と生成」ならびに「生命と進化」という二つの思考案件である。

7　存在と生成、あるいは生命と進化

存在と生命は深く結びついていると思われる。しかし意外とその関係を論じた思想家は少ない。古代ギリシア哲学の集大成者アリストテレスは「存在と生命」という思索課題を表立って掲げていないが、形相—質料、可能態—現実態という基本的対概念を駆使して存在の原理を探求する彼の形而上学（第一哲学）は存在論と生命論の接点を垣間見させてくれる。実際、彼は生物学者であったわけで、胚から成体に生成し死に至る生物の質料に内在する形相をモデルとして、ついには純粋形相としての神、つまり完全現実態としての第一存在者を構想する壮大な存在論の体系を構築したのである。それゆえ、彼の思想は「存在と生成」ならびに「生命と進化」という二つの問題を統合的に考察する際に貴重な示唆を与えてくれる。しかし、現代において神の存在を認める必要はもはやない。前章でも指摘したように、古い形而上学における「神の創造」という思想は、システム論と結託した現代形而上学における「自然の自己組織性」という概念に置き換えられなければならない。そして、この「自然の自己組織性」において「存在と生成」と「生命と進化」という二つの思索課題が合流し統合されるのである。ただし、その前に個別的考察が必要である。

「存在」と「生成」の関係は根深い。有名なのはパルメニデスとヘラクレイトスの思想的対立である。前者は、無時間的で永遠の「存在」を唯一の実在と考え、「生成」を非存在の領域に追いやった。生成や変化はあるようであらぬものだと論じたのである。それに対して後者は、自然界の森羅万象は生々流転を永遠に繰り返し、すべては流れ去り、同位置にとどまるものは何もない、と主張した。つまり、生成こそ真実在だというわけである。数学的形相（なわち無時間的イデア）を重視すれば前者の方が正しいとみなされるが、自然の生成的自己組織化の秩序を

中心に据えれば後者に軍配が上がる。しかし、どちらも片手落ちなのは否めない。そこで両者の仲介役を買って出たのがアリストテレスであった。彼はおおよそ、生成的自然は完結態という目的を目指して自己組織化する生命的存在だ、というふうに考えた。なぜなら、すべての質料をもった個物には形相が内在し、現実態に向かって生成変化する可能態にあるからだ、というわけである。可能態は生成を表し、現実態は存在を示す。そして、両者は自然の自己組織性において目的論的に統合されているのである。(9)

アリストテレスは「自己組織性」という現代システム論の用語に当たるものを直接使っているわけではないが、彼の思想を現代風に表現すればその用語を適用できるのである。しかも「自己組織性」という概念は生命の本質に深く関わっている。そして「生成」も生命の核心をなすものの一つである。しかし、あくまで「あることの意味」は重要である。「なぜこの宇宙はそもそも存在していて無ではないのか」「なぜ世界はこのようではあって別様ではないのか」ということに対する驚嘆の念から、古代ギリシアにおいて存在論としての哲学は始まったのである。これに、「なぜ私は存在していて無ではないのか」「そもそもなぜ私はこの世に生を受けたのか」「私は何のために生きているのか」という近代以降興隆した自己存在への問いが加味される。すると、「生成する生命体としての私の存在」と「それを取り巻く世界の存在」の接点を求めるような問いが生じてくる。この問いを直視すれば、「存在」と「生成」が生命の目的論的本質めがけて統合されることになる。

他方、「生命」と「進化」の関係も根深い。しかも創発の概念は進化生物学に発している。生物が進化するのも、進化の結果新しい形質が発現するのも、予測できない創発的出来事である。そもそもなぜ生命体は進化するのであろうか。これは難しい問題であり、経験科学だけでは解答不能で、形而上学の助けを必要とする。しかも進化するのは生物学的生命体だけではない。宇宙自体が進化するものとみなされているし、都市も社会も進化する。これが単なる比喩でないことは既に説明した。そこで全体的世界観ないし統一科学としての形而上学の助けが必要となるのである。

生命の進化をエントロピーの増大に対抗する流れと捉える見方がある。これはアリストテレスの形相の目的論的理解の情報論的洗練版とみなしうる。生物学的生命体も社会も物理的自然も秩序の形成を目指して自己組織化、つまり進化するのである。しかし、この過程には障壁や災害も多々含まれている。たとえば、順風満帆な人生を送るものは決して多くなく、不慮の事故や病気で命を落とす者がいるし、善行が報われずに悪が勝利を収めたりする。また、戦争や経済恐慌や災害によって人間社会は甚大な損害を被る。そして、自然界にも災いの元はたくさんある。たいていの人は、このような害悪を指摘して、しかもそれを誇張して、「エントロピーの増大に逆らう秩序の形成」としての「進化」の概念に異論を唱える。しかし、進化というものは散逸構造によるエネルギーの発散によって支えられたものであり、決して順風満帆なものではない。無秩序や害悪を伴いつつも、全体として見れば秩序の形成がなされているとみなしうるのである。それに対して「無が永劫回帰する」というニーチェのニヒリズムは、「善なる神による世界支配」という古い彼岸信仰に翻弄されて、自然の自己組織性を見失っているのである。

以上のことを考慮すれば、「生成的存在としての自然の自己組織性」と「進化する生命」の相互帰依性がよく分かるようになるであろう。

存在の意味への問いは自然の秩序に面しての驚嘆の念から生まれる。つまり、自然の中に生まれ自然の中で死ぬ生成的存在たる人間の意識が、進化する宇宙の秩序に触発されて自己と世界の存在の意味を問うのである。それは同時に「止まれる今」「永遠の現在」への関心になることもあるが、あくまで重要なのは「生成の中にある存在」としての「生命」であり、その生命の贈り主たる自然の自己組織性である。心・生命・社会・自然という存在階層すべてに見られる創発の現象は、このことに気づかせる貴重な契機なのである。

ところで、創発の意味が分からないと、人は自由と必然、偶然と必然の二律背反に悩まされる破目になる。前世紀中盤にＤＮＡの分子構造が解明されると、還元主義的生物学者の多くが機械論的唯物論の観点から生命の本質を理解しようとしたが、同時にそうした機械的因果性に服さない人間の自由をどう扱うかについても悩まされた。一時期流行したジャック・モノーの『偶然と必然』にもこの葛藤が表出されている[10]。彼はこの著書の巻頭のエピグラムとして「宇宙のなかに存在するものはすべて、偶然と必然との果実である」というデモクリトスの言葉を引いている。それとともにカミュの、有名な坂道を転げ落ちる岩を押し戻し続けるシシュフォスの話を引用している。生命の本質がＤＮＡとタンパク質の分子構造によって還元主義的に説明され、目的論的理想が破棄されたら、残されるのは実存的決断による自由のみだ、ということを示唆したいのであろう。しかし、これではニーチェのニヒリズムを分子生物学で基礎づけたようなものである。つまり、モノーは科学と非合理主義哲学を一つの傘下に収めようとしているのだ。これは実は古くからある物質と精神の二元論の表出に他ならない。本書で何度も説明したように、原子論的唯物論と実体二元論は双子の兄弟なのである。

こうした立場を取る人のほとんどは創発の概念を認めない。モノーは直接創発主義を批判していないが、全体論や有機体論やシステム論を批判する姿勢は還元主義への全面的信頼に基づいているので、創発主義的考え方を承認するとは考えられない。彼において問題なのは、還元と創発は決して両立しないものではなく相補的関係にある、ということに全く配慮しない姿勢である。これが機械論的生命観と実存的自由の浅はかな二元論を生み出しているのである。

繰り返すが、創発は偶然ではない（同時に必然でもない）。それは自然の自己組織性の顕現であり、世界の奥深い情報構造に基づいた秩序形成の結果なのである。ただし先行的プログラムに服さない複雑系の振る舞いなので、一見偶然事のように思われるだけなのである。したがって創発の法則性は還元主義科学によってではなく新しい複雑系の自然科学によって探求されるべきである。そして、その基礎を考察する科学哲学は創発の存在論という性格を帯びるのである。

それにしても、坂道を転げ落ちる岩と無益な格闘をし続けるシシュフォスに価値を認めるしか選択肢がないとは、何と貧しい思想であろうか。何も神や死後の幸福が存在しなくとも、我々は他人のために尽くし社会の秩序形成に貢献し世界平和の実現を目指すことができるのである。なぜなら我々は宇宙の情報構造が生み出した大いなる生命の連鎖の一員としての「動物」だからである。あのハニカム構造の美しい巣を集団で創発せしめるミツバチのような。

8　創発の存在論

創発の概念が分からないと人は二元論と唯物論の無益な二者択一に悩まされる。ＤＮＡやタンパク質の分子構造をひたすら質料因を求めるような仕方で定量・定性的に分析しても、生物の諸機能や形態形成の原因を捉えることはできない。それを理解するためにはアリストテレスの言う形相因と目的因が必要なのである。しかし、こうした概念はともすると擬人化に流れがちとなる。そこで情報理論に依拠して形相因や目的因を洗練することが要求される。それについては既に説明したので繰り返さない。

生命体全体というマクロの複雑系の振る舞いは、分子や原子などの要素の性質に対して創発的である。そして、その存在性格は要素還元の方法では捉えられない。ところが、創発的存在特性は現象的性質として還元主義科学者の眼前から決して消えない。そこで、還元主義科学者が取る方策は、要素に還元できない創発特性を消去するか、それを非物質的な精神的世界へと二元論的に分離するか、のいずれかとなる。このナイーヴな二者択一は明らかに創発に関する無知に由来している。モノーが目的論や物活論《アニミズム》を徹底的に批判し還元主義を称揚しつつも実存的自由に価値を見出そうとするのはこのゆえである。そして、この姿勢の元となっているのは、存在論的に十分基礎づけられていないナイーヴな二元論的観念である。モノーはデカルトに賛同しつつ次のように述べている[11]。

脳という観念と精神という観念とは、一七世紀の人間にとってと同様、我々にとっても、実際の生活体験の中で区別されている。客観的分析によって、我々の中にある見かけの二元論は幻想であることを認めざるをえない。ところが、この二元論は我々の存在自体と実に密接に結びついているので、主観をはっきり理解することで、それを消し去ろうと思ったり、それなしに感情的・道徳的に生きることを学ぼうとしても、それは全くの無駄に終わるであろう。そのうえ、なぜそのようにする必要があるのであろうか。いったい、誰が精神の存在を疑うことができるのであろうか。魂のうちに非物質的な《実体》を認めるという幻想を断念することは、魂の実在を否定することではなくて、むしろ反対に、遺伝的・文化的遺産と、意識的・無意識的にかかわらず個人的経験のもっている複雑さ・豊かさ・測りようのない深さを認め始めることなのである。

デモクリトスの原子論的唯物論とデカルトの実体二元論が双子の兄弟であることはこれまで何度も触れた。モノーは、デモクリトスばりに人間有機体を分子と空虚のみからなると主張しつつ、精神をデカルト流に物質界とは別のところに匿おうとするのである。しかしモノーは「精神の存在」をなめている。それは存在論的に十分吟味されていない。そしてその姿勢は、デカルトが res extensa（延長するもの）と res cogitan（思惟するもの）を同じ res（もの）として存在論的無差別性のままに放置した[12]ことと同類のナイーヴさを晒し出している。精神は脳に対して、生命はＤＮＡに対して、それぞれ創発的存在なのである。したがって両者は物質から二元論的に分離されるものではないし、同時に物質的次元に還元・消去されるべきものでもない。モノーは、たしかに素朴な消去的唯物

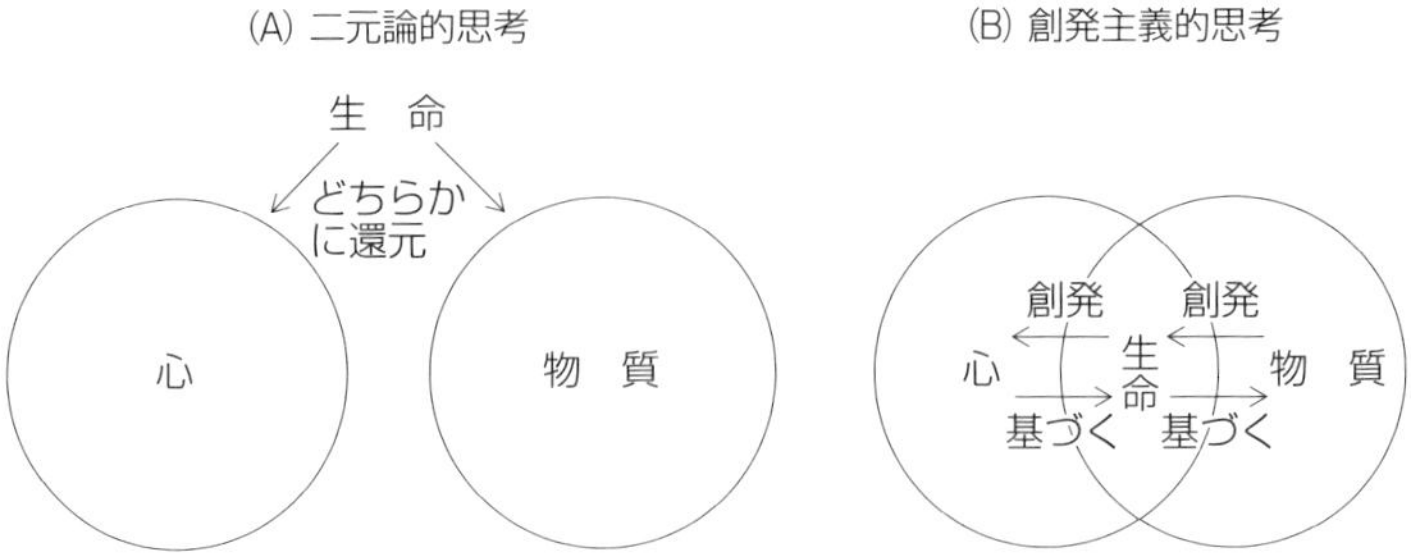

図７−２　心・生命・物質の関係把握の２類型

論を否定しているが、それは主に精神に関してであり、生命に関しては還元主義的理解を押し通している。この姿勢の背景にあるのは、心と生命の深いつながりに関する無知である。デカルトもこのつながりを無視していた。それに対して、アリストテレスに始まる目的論的自然観はまさにこのつながりを重視していたのである。それを擬人化的物活論として批判し去った気になっているモノーは軽薄だとしか言いようがない。自らのナイーヴな心観を棚に上げているのだから。

プラトンとアリストテレスがともにデモクリトスの原子論的唯物論を徹底的に批判していたことは既に何度も述べた。創発の存在論にとってもデモクリトスは最悪の見本である。デカルトもよくない。通俗的な理解ではプラトンの二世界論とデカルトの二元論は親近性をもっているとされるが、実はそうではない[13]。デカルトはプラトンよりもデモクリトスに近いのである。つまり彼の思想はデモクリトスの二元論版である。

二元論的思考においては心と物質を媒介すべき生命という次元が抜け落ちてしまっている。つまり、生命が心と物質の共有部分として理解されずに、どちらかに還元されてしまうのである。モノーの場合には物質に還元されている。他方、実存としての精神的生命はナイーヴに心に帰属せしめられている。それに対して創発主義的思考法では、まず形相性を帯びた物質が生命を創発せしめ、次にこの形相的物質性を基盤とする生命が心を創発せしめる、と主張される[14]。

そして、全体としての自然界は目的論的原理よって統制されている、とみなされるのである。二元論的思考と創発主義的思考を対比的に図式化すると**図7—2**のようになる。

プラトンがイデアを立て、アリストテレスがエイドスを問い求めたのも、この世界が偶然に生じたものではなく、その存在に何か根本的意味があると考えたからである。そして、その中に生きる人間や動物や植物にもそれぞれ固有の存在意味を認めたからである。人間だけではなく動物や植物も重視する姿勢はアリストテレスにおいて顕著である。それに対してプラトンは人間中心主義に傾いている。自然の中で生きる人間存在の意味を探求する際にはアリストテレス的姿勢の方が推奨される。

デモクリトスやエピクロスの存在論によって善なる生の原理を基礎づけることはできない。空虚の中に無秩序にばら撒かれた原子の運動と衝突からは偶然性しか生じない。しかし人間の自由は理性的自律として偶然性を打ち破る力をもっている。とはいえ、それは決して超越者によってあらかじめ立てられたプログラムに服するものではない。それは形相的物質性をもつ人間が創発せしめた心的行為なのである。その行為は空虚の中で生じるのではなく、情報構造のネットワークによって賦活された社会という環境の中で創発するのである。

ただし、このような心的行為を超自然的必然性の次元で捉えてはならない。そもそも偶然—必然という通俗的対置図式自体が打ち破られなければならないのである。創発という概念は徹頭徹尾自然主義的なものとして、この通俗的図式を克服するための基礎を提供しつつ、自然の中で生きる人間の存在の意味を目的論的に問うことを可能にするのである。

注

（1）たとえば、蔵本由紀『新しい自然学——非線形科学の可能性——』岩波書店、二〇〇八年を参照。

（2）Cf. A. N. Whitehead, *Process and Reality*, The Free Press, New York, 1978（山本誠作訳『過程と実在』（上・下）松籟社、一九九八年）

（3）このような考え方については、A・スコット『心の階梯』伊藤源石訳、産業図書、一九九七年を参照。

（4）A・スコット、前掲書、二二ページ

（5）伊藤宏司編『知の創発――ロボットは知恵を獲得できるか――』NTT出版、二〇〇〇年を参照。

（6）伊藤宏司編、前掲書、二〇六ページ

（7）アリストテレス『形而上学』（上・下）出隆訳、岩波文庫、一九八〇年を参照。

（8）Cf. A. N. Whitehead, *The Concept of Nature*, Prometheus Books, New York, 2004（藤川吉美訳『自然という概念』松籟社、一九八二年）

（9）アリストテレス『自然学』（『アリストテレス全集』3、出隆他訳、岩波書店、一九八七年）を参照。

（10）J・モノー『偶然と必然』渡辺格・村上光彦訳、みすず書房、一九八九年を参照。

（11）J・モノー、前掲書、一八五ページ以下

（12）Vgl. M. Heidegger, *Sein und Zeit*, M. Niemeyer, Tübingen, 1979

（13）日本におけるプラトン哲学研究の泰斗・藤沢令夫は、近代科学の還元主義、ならびに事実と価値の二分法をデカルト哲学に由来する紛い物と批判している。彼によればプラトンの哲学はそのような二分法から成り立ってはおらず、善のイデアを根拠とする理論知と実践知の統合として理解されるのである。また彼は、ホワイトヘッドに依拠して、デモクリトスからデカルトを経て現代の自然科学に至る機械論的自然観と原子論的唯物論を批判している。それに対してプラトンやアリストテレスの有機体論的・目的論的自然観が称揚されるのは言うまでもない（藤沢令夫『ギリシア哲学と現代』岩波新書、一九八九年、『プラトン哲学』岩波新書、二〇〇七年）。

なお物理学者で非線形科学の推進者・蔵本由紀は、藤沢のこの姿勢に強く共感し、新しい創発主義の自然学の構想に役立つものとみなしている。なお、このような観点からモノーの思想が批判されるのは言うまでもない（蔵本、前掲書）。

（14）Cf. C. Lloyd Morgan, *Emergent Evolution*, Williams and Norgaye, London, 1927

第8章　情報の形而上学

はじめに

既に述べたように、古代ギリシア哲学は自然の根元《アルケー》への問いかけから始まった。自然の根元として最初に思い浮かぶのは水とか土とか空気などの質料的要素である。この傾向は今日でも変わらない。ほとんどの人は、この宇宙が基本的に物質から成り立っていると無反省に思い込んでいる。しかし、この世界で出会う諸々の事象には多かれ少なかれ秩序というものが備わっている。前章で問題にしたH_2Oという最小の分子ですら量子論的秩序を備えている。それゆえ、なぜ水素原子は酸素原子とそのような秩序を形成するように結合するのかという問いは、質料を超えた形相に関わっているとみなされるのである。

形相は凡人の目には見えにくい。凡人は常に「これ」と言って直示できる「もの」に目を奪われており、「もの」と「もの」を関係づける結合因子たる形相に気づかないのである。とはいえ形相は決して超自然的ないし超感覚的な存在要素ではない。それは自然のプロセスに内在する組織化の原理なのである。そして、それは存在の組織化の原理であるだけではなく、認識のそれでもあるのだ。この点において形相は情報と結びつく。

今日、情報というものは基本的にメッセージや知識やニュースといった認識的現象として理解されており、物質の原子の配列とか分子の組成といった客観的存在要素と関係づけて理解されることはまずない。この傾向は近代以降長い間民衆の思考を支配してきた主観―客観対置図式に淵源する。この図式を打ち破らない限り客観的情報としての形相には目を開けない、ということは本書において何度も触れてきた。

なぜ自然界の物質的・物理的プロセスは数学的言語で記述されるのだろうか。単なる質料から自然界が成り立っているとしたら、それは不可能であろう。しかし数学で記述されるような秩序は、超自然的な理念の世界から物質界に天下り的に投影された超越物ではない。それは自然の質料性に内在する組織化の原理なのである。そして、それは探究者の知覚対象となり、意識に受容されて、「意味をもった情報」となる。さらにその情報は他人に伝達され社会の共有物として公共的で普遍的な知識となる。この知識は、それに基づいて素粒子の研究がなされ、超高層ビルが建築され、法律が制定される社会的な存在性格をもっている。つまり、それは個人の主観性を超えた客観的実在性をもっているのである。たとえばニュートンやダーウィンやハイゼンベルクが書き残した科学論文は、彼らの死後、彼らの視点を離れて後の研究者の共有財産となる。後の研究者は彼らと直接会話することなく、彼らの論文から彼ら以上のものを引き出し、それを自然の解釈に用いるのである。

ここでは便宜上、主観性とか客観性という言葉を使ったが、それは二元論者が想定するような頑固な対置図式とは何の関係もない。本書で何度も述べたように、意識に先立つ「経験」は、主観と客観、心と物の二元論的対立を超えた自然的現象なのである。我々は、意識に照らしてではなく、こうした意味での経験に照らして「情報」というものを把握しなければならない。そうしてこそ情報は自然の質料性にどっしりと根を下ろした「形相的情報」として理解できるのである。

計算や思考は非物質的意識界にのみ存在する、というのは単なる臆見である。それは自然の物理的プロセスにも内在しているのだ。それが人間的心にのみ内在する特性とみなされるのは、人間中心主義的観点から計算や思考に意識の主観的質を付随させているからである。雲の発生と消滅も自然の自律的計算の結果だし雷もそうである。より大局的には地球温暖化もそうである。これらの自然現象は、自然自身が散逸構造の形成によってエネルギーを発散し、秩序を取り戻そうとしているものと解釈できる。この解釈が純然たる擬人化だと言い張る者は、自らの思考が脳内神経回路網の自律的計算の帰結であることを思い知るべきである。

我々は自然と意識の解釈学的循環の只中に立っている。肝要なのは、この循環の外に安易に脱出しようとしないで、その中に正しく入って行くことである。

この最終章では、以上のことを顧慮し、また本書におけるこれまでの考察を踏まえて「情報の形而上学」というものの可能性と意義について論じてみようと思う。論考は次の順序でなされる。(1)続・自然学としての形而上学。(2)情報の客観的実在性。(3)存在の階層の中での情報の位置。(4)真実在をめぐる巨人の戦い。(5)情報の形而上学。

1　続・自然学としての形而上学

形而上学は誤解されている。超感覚的世界に関する空虚な思弁と思い込まれているのである。たしかに神の存在と霊魂の不死性と全体としての世界の本質は、西洋哲学の一時期思弁的形而上学の主題であった。しかし、それは形而上学の創始者の意図と少し食い違っている。

形而上学の創始者は言うまでもなくアリストテレスである。しかし彼はこの語を一度も用いていない。形而上学(英語で metaphysics)とはアリストテレスの著作を後に編纂したアンドロニコスがつけた名称である。どの著作につけたかと言うと、『自然学』の次に書かれ、今日『形而上学』というタイトルで市販されている、あの本にである。

「形而上学」という訳語は誤解を招きやすい。なぜなら、それは「形を超えたもの」ないし「形なきもの」を示唆し、超自然的対象に関する観念論的思考のイメージを喚起するからである。アリストテレスの意図が形相(eidos, form)の重要性を説くことにあったとするなら、この訳語の不適切さは明白である。彼は自然の形相因を問い求めていたのである。

自然は、原子論的唯物論の観点からすると、空虚の中の無数の原子の相互作用が織り成す偶然的属性しか備えていないことになる。それゆえ、そこには秩序の完成という目的へと収斂する組織化の原理としての形相因は存在しないことになる。プラトンは、こうした考え方を、質料から離れた超自然的イデアを立てることによって回避しようとした。他方アリストテレスは、自然界の物質に形相を内在させることによって、目的因を欠いた原子論的唯物論を乗り越えようとした。つまりアリストテレスの形而上学は自然学の延長上にあり、それを深めたものとみなされるのである。ちなみに彼は自然学の後に置かれた論稿を「第一哲学」と名づけている。

第一哲学とは自然の存在の第一原理を問い求めるものであり、その際形相因と目的因が重要な役割を果たす。彼において自然界の運動の始原は純粋形相としての神に帰されるが、それは諸宗教における神観念とは違って人格性を全く備えていない。それゆえ、すぐに今日のシステム論的宇宙論における「自然の自己組織性」という概念に置き換え可能である。つまり、彼の神概念は基本的に自然主義的なものであり、物理学的自然探究の延長上にあるのだ。

本書で何度も言及したように、秩序の完成を目指す自然の自己組織性というものは、物理学が存在論に深まる際の必須の思考案件である。アリストテレスの第一哲学は、まさにその偉大な先駆的業績であった。それゆえ、彼の第一哲学に後につけられた名称 metaphysics には、「形而上学」というよりは「続・自然学（meta-physics）」ないし「続・物理学（meta-physics）」という訳語の方がふさわしいのである。そして、その内実は「形相因を問い求める自然の原理的探究」である。

西洋の知的伝統において metaphysics は上述の「形而上学（超感覚的世界に関する思弁）」と「続・自然学」の二義性をまとってきた。前者は特に「悪しき形而上学」として哲学者からも忌み嫌われる傾向が強い。それに対して後者は穏当なのだが、その理解者か少なく、人口に膾炙《かいしゃ》していない。「続・自然学」の意味での metaphysics は、カントにおける思弁的形而上学の批判とその後の実証主義的学問観を経て、今日統一科学ないしシステム論として生き延びている。自然科学には多数の分野があるが、それを統括しつつ宇宙の根本原因を探求するのが統一科学としての meta-physics なのである。しかし、今日諸科学の専門・複雑化は著しく、それらを統合しつつ自然の根本原理を問い求めることは極めて難しくなっている。しかし、アリストテレス的意図は一部の哲学者と科学者の間ではまだ生きている。「それは理想にすぎない」と言い捨てるのは容易《たやす》いが、難しいということと原理的に不可能ということは全く違うので、努力を怠ることは哲学（究極的知への愛）の放棄としか言いようがない。

前世紀に吹き荒れた哲学者間での第一哲学への疑念も従来の「悪しき形而上学」の概念に翻弄されたものとして実は顧慮に価しない。それに対して注目すべきなのは、ホワイトヘッドによる宇宙論的形而上学の再建であり、その影響を受けたシステム科学者の創発主義的自然観である。また、英米におけるポスト分析哲学の流れも無視できない。この流れは心の哲学ないし認知神経哲学として一括されるが、認知科学や神経科学と積極的に対話し、従来の概念分析を超えて心的事象そのものを科学者と対等の立場で探究している。ここには科学と哲学の悪しき分離は存在しない。

そもそもアリストテレスは科学者兼哲学者であったので、彼において自然現象の分類・整理とその原理的探究は一体をなしていたのである。システム科学における自然の自己組織性の研究や認知神経哲学における脳と心、意識と情報に関する機能主義的研究もその傾向をもっている。西洋の知的伝統において最も偉大な哲学者たちは、ほとんど同時に偉大な科学者ないしそれに準ずる者たちであった。前世紀のホワイトヘッドは数学・物理学出身だし、ジェームズは医学出身であり心理学者としても時代を画した。アリストテレスが生物学の創始者にして万学の祖であることは誰もが知っている。

ところで、続・自然学としての形而上学を仕上げるためには物質の科学と生命の科学を高次の階層に向けて統合しなければならない。それはまた存在と生命の接点を探ることを意味する。アリストテレスは自然の探究から第一哲学への流れにおいてまさにそれを成し遂げようとしたのである。彼の意図は、これまで何度も触れてきたように、デモクリトスの機械論的自然観とプラトンの理想主義的世界観を弁証法的に統合して有機体的自然観を構築することにあった。つまり、アリストテレスにとって自然は生きたものとして捉えられていたのである。ちなみに、この観点は二千数百年を経たホワイトヘッドの有機体の哲学により洗練された形で再登場した。

こうした有機体的自然観すべてに見られる特徴は、自然が秩序形成のために自己組織化する能動性をもつことを認める点である。これは一見擬人化のように思われるが、それは意識の能動性を過剰評価する人間中心主義の悪しき習慣にすぎない。自分が働かせている意識を中心にもってくると、主体性とか能動性というものが、反省能力をもち知覚対象の現象的質を感得できる「人間的心」にしか帰属できないように思えてくる。だから犬や猫の意識、植物の心といった表現に反感を覚えるのである。こうした感慨はすべて人間的意識を唯一無二の基盤とみなす主観的構成主義に由来する。そして、この傾向は無学な民衆からインテリ層にまで及んでいる。

しかし、人間の意識は脳という自然物質の働きの上に成り立つものであり、純粋自己触発によって自らの機能を立ち上がらせることはできない。つまり、一見非物質的意識にのみ帰属するかのように思われる能動性は、実はそれに先行する物質的脳の自己組織化の結果にすぎないのである。ただし、ここで「物質的脳」の先行性を主張することは誤解を招きやすい。それではまだナイーヴな規定にとどまるからである。より厳密に言うと、意識の主観的能動性に「身体の自然」が先行し、後者の一部として物質的脳がある、ということになる。

身体は周囲の自然環境と連続しており、それと一体になる形で生命の自己組織化活動を営んでいるのである。この点に着目しそれを深く掘り下げていくと、主観―客観対置図式が虚構であることが分かってくる。有機体的自然観を擬人化的アニミズムの遺産として一蹴する姿勢は、実はこのことが分かっていないのである。近代以降自然科学が形相因と目的因を排除してきたのもこれと関係が深い。

もちろん、無思慮に目的論を推し進めることは自然科学にとって危険である。しかし、前世紀から興隆し始めたシステム科学における自然の自己組織性に関する理論は、いわゆるナイーヴな擬人化的目的論とは無縁である。そうした理論は還元主義の限界を直視することによって生じてきたので、古い擬人化的自然観に逆戻りすることはない。還元一辺倒の研究姿勢に対抗するのは、これまで何度も触れてきたように創発現象を重視するシステム論的研究態度である。そしてこれに存在の階層についての深い哲学的考察が加味される。

古代ギリシア哲学は自然の根元の探究から始まったが、後に形相的原理への観念論的思考がそれにつけ加わり、最終的にそれらを弁証法的に統合したアリストテレスの「有機体的自然の存在原理に関する目的論的考察」において頂点に達した。この目的論的考察は純粋形相（形相中の形相）としての神を存在の階層の頂点に据えることによって完結する。しかも、この神は自然界の物理的運動の始原と想定され、決して自然から切り離されていない。アリストテレスにとって自然は雑多な質料のみから成るのではなく、秩序形成に向かう自己組織化の原理としての形相をうちに秘めたものなのである。だから純粋形相といえども自然の質料性から決して切り離されてはいない。それはむしろ質料を取りまとめ統率するマイスター（棟梁）のような存在である。ちょうど個々の学問的探究に対して第一哲学がマイスターであるように。

こうした点を顧慮すると、ますます「形而上学は続・自然学である」という規定が適切なものであるように思えてくる。しかし、ここで懐古的自己満足で済ますことは許されない。現代の哲学と科学の状況を見やりつつ、この規定を深化させなければならないのである。それが「情報」の存在論的意味を考察することによって可能となることについては既に示唆したが、ここで改めてその意味について考えてみよう。

2　情報の客観的実在性

情報の存在論的意味を看取するためには、まずその客観的実在性を把握しなければならない。情報が単に主観的なものではなく客観的実在性をもつことを初めて明確に指摘したのはトム・ストウニアである。彼は次のように述べている。(1)

人間が創造したり、蓄積してきた情報は、人間の脳の外部に蓄えることができる。我々の文明は、脳の外部に情報を蓄えるために様々な施設を作ってきた。それは、たとえば図書館であり、美術館であり、博物館である。人間情報（human information）、すなわち人間によって作り出された情報は、エネルギーあるいは物質のパターンとして存在している。これらパターンの物理的実在性は人間から独立している。

一般に情報というものは、それをメッセージとして受け取り、意味を看取しつつ知識として吸収することによって成り立つものとみなされている。この意味で情報は主観的である。たとえそれが認識的には客観的公共性をもっていようとも存在論的（フォークオントロジー的）には主観的とみなされるのである。たとえば、「明日は市長選の投票日です」という情報は恣意的なメッセージではなく、誰もが平等に主観を排して認知しうる客観的情報である。しかし、存在論的にはこの意味での客観的情報も、分子の配列や電気のパルスのような物理的実在性をもつものとは区別されて、心的な領域に属す主観的現象とみなされてしまう。ここでは認識的意味での主観―客観関係と存在論的意味でのそれの間にずれが生じている。これは裏を返せば、主観―客観対置図式自体が低級なものであることを暗示しているのだが、だからといってこの図式を捨て去るには及ばない。情報の存在論的意味（フォークオントロジーのそれではない）を捉えるためには、とりあえずそれが客観的実在性をもつことを理解しなければならないのである。その方が分かりやすいであろう。だから、ここでは便宜上それについて論じる。

情報の客観的実在性を理解するためには、「実在性」とはそもそも何を意味するのかをしっかり把握しておかなければならない。「実在性」という日本語はいかめしいが、それにあたる英語の reality はより柔軟でフレキシビリティをもっている。何かが real だということは、それが知覚者の存在に依存しない客観的実在性をもつのだ、といった硬いニュアンスはもっていない。ただ「現実味を帯びている」というようなことを示唆しているだけなのである。そこで、それは心的現象にも適用される。つまり、主観的現象も real だというわけである。ただし、英語圏でも話が存在論的に厳密になってくると、心的対象の reality は「実在性」といういかめしい意味合いに変身する。

情報の実在性というものを考える際には、このことを銘記しておかなければならない。なぜなら、情報はさしあたって主観的な心的現象とみなされており、その実在性は「現実味を帯びている」という程度の地位しか与えられていないからである。しかし、エネルギーや物質のパターンは単に「現実味を帯びている」とか「切実だ」とか「のっぴきならない」といった意味での reality には尽きない、物理的な客観的実在性を有している。それと同じように、厳密に捉えられた information は、物的事象と心的事象双方に対して形相付与（informare）の働きをもつものとして、自然的な客観的実在性を備えているのである。これを裏づける例証としてよく挙げられるのはＤＮＡである。これまで何度も触れてきたように、生物の細胞の核内にあるＤＮＡは分子言語（塩基の配列）としての遺伝情報によって構成されているが、その情報は意識的知覚者による吸収を媒介しないものなので主観的存在の範疇には属さない。それでもなおそれが情報と呼ばれるのは、それが「パターンを生み出すパターン」だからである。

ストゥニアも前掲の引用文で物質やエネルギーの「パターン」というものを際立たせているが、深い意味でのinformationはアリストテレスのエイドスと同じように「パターンを生み出すパターンの原型」と定式化できるのである。

筆者は本当は「客観的実在性」という言葉を使いたくないのだが、通俗的理解を乗り越えるためには通俗的概念を使った方が手っ取り早いだろうという思惑からあえて使っているのである。厳密に言うと、情報の「客観的実在性」は「物理的実在性」と言い換えられ、さらにそれを深化させると「自然的実在性」となる。この自然的実在性には主観的存在領域も含まれており、それゆえ心的現象が自然に帰属することが含意されている。それに対して、通俗的意味での客観的実在性は心的現象を排除したものなので、「情報」の属性として付加されると誤解を招いてしまうのである。しかし、「客観的」という部分がフレキシブルに受け取られるなら、この語は積極的に使ってかまわないと思う。

ところで、ストゥニアは先の引用文で図書館や美術館や博物館に言及しているが、これも情報の客観的実在性を考える際の貴重なヒントとなる。図書館や美術館は書物や美術作品という情報を保存している。それらの作者は存命中の人もいるが多くは死んでしまった過去の人たちである。書物や美術作品自体は原子によって構成された物質であり、誰もそれを見なくても館の中に保存され客観的実在性を維持し続けている。それと同時にそれらはパターン、つまり情報を担っており、閲覧する者にメッセージを発出し続ける。通俗的情報理解では、閲覧者が情報を吸収する行為が情報を実在化する、というふうに考えられる。それでは閲覧者が居合わせていない場合、つまり夜間や休日には書物や美術作品はたんに単なる物質へと転落してしまうのだろうか。そうではなかろう。それら独特の物質のパターン、つまり意味内容（文字の配列）や形相（美術作品の形態）を保持し続けているのだから。

このことを最初に指摘したのはポパーである。彼は世界3という概念によってそれを言い表そうとした。彼によると我々の住む世界（宇宙）は三つの存在領域に分けられる。心的存在領域と物的存在領域と客観的精神という存在領域である。そして、この三つは順に世界1、世界2、世界3と命名される。(2) このうち前二者は分かりやすいであろう。要するに心的世界と物質的世界だから。しかし、客観的精神の世界というのは少し分かりにくいかもしれない。そこで説明を加えよう。

筆者は本書の中で多くの哲学者の思想や科学者の理論を参照した。それらは二千数百年前から現代に至るものである。つまり過去の遺産であり、その産出者のほとんどは死んでしまっている。思想や理論はその作者の心的所業であるが、物的記憶媒体を介して後世に伝えられることになる。そして、後世の人々が公共的に参照できる学術的遺産となる。すなわち、我々は過去の偉大な学者の業績を彼らと直接会話することなしに情報として受容できるのである。それゆえこれらの学術的遺産は、その発出元が作者の世界1であり、その記憶媒体が世界2に属するものであるとしても、その存在の本質を規定するものは世界3、つまり客観的精神ないし客観的情報として心的でも物的でもないものとみなしうるのである。

世界3に属するものはまだある。歴史的世界の構成内容、文化、政治経済、社会制度、法律、論理法則、言語、記号体系などである。これらは何気ないが、よく考えてみると、存在論的には心的でも物的でもないし、認識論的には主観的でも客観的でもない。つまり、よく考えてみると、特定の物体のように「これ」といって確認できる存在性格をもっていないにもかかわらず、しっかりと現実味を帯びているのである。このことは見逃されやすいが、我々の住む世界の本質を知る上で重要な契機である。なぜなら、客観的情報としての世界3の構成物は我々の生活（心的と物的に渡る）を揺り動かす現実的力をもっているからである。

我々は基本的に物事を「心的か物的か」あるいは「主観的か客観的か」という大雑把すぎる二者択一の観点から裁断する傾向をもっている。そこで、情報というものはおいおい「物的ではありえない心的なもの」とか「客観的ではありえない主観的なもの」として理解されてしまう。その際「情報」はだいたい意識を介した言語的コミュニケーションをモデルとして把握され、社会制度や法律のようなものは視野に入ってこない。コンピュータのソフトウェアも、ハードウェアに対立する非物質的情報の媒体という側面ばかりが着目されて、その機能性のもつ客観的存在性格が見逃されている。これらはすべて客観的情報の担い手として世界3に属しているのである。たとえ、それらが世界1の内容を、世界2に属す物を介してのみ実現するとしても、それらの本質はやはり心的でも物的でもない客観的情報ということにあるのだ。

ここで「人間によって作り出された情報は、エネルギーあるいは物質のパターンとして存在している。これらパターンの物理的実在性は人間から独立している」というストウニアの見解が際立ってくる。客観的情報としての理論、技術、文化的遺産はすべて物質の「パターン」としてこの世界に存在している。そのパターンは複製と伝達と継承が可能なものである。これはアリストテレスの言う形相とほぼ同じ存在性格である。形相は質料と区別されるが、後者から切り離されることはない。しかし原子論的唯物論の眼差しにはこうした形相は映らない。我々のほとんどはフォークマテリアリズムの色眼鏡で世界を眺めているので、あまりに身近で慣れ親しみすぎているものを飛び越えて不毛な二者択一に身をやつしてしまうのである。ストウニアは述べている。「情報が物理的実在性をもち、宇宙の本質をなしているという考え方を理解し、受容することが難しい理由は、我々があまりにも深く情報処理と情報伝達の中に埋め込まれてしまっていることにある(3)」。

この宇宙は物質からだけではなくその「パターン」からも成っている。そしてそのパターンは、アリストテレスの形相のように物質に内在しつつも物質と区別され、物理的現実を構成する契機として、たしかな「実在性」をもっている。情報の客観的実在性というものはこうした意味で理解されなければならないのである。

3　存在の階層の中での情報の位置

よく「自然の中での心の地位」とか「物理的世界における意識の位置」といったことが心身問題において話題となるが、情報に関してもそのような存在の階層の中での位置づけが議論される必要がある。

これまで何度も触れてきたように、多くの人は「この宇宙が物質を基盤として成り立ち、心や情報はその上に乗っかったものとして派生的存在物のようなものである」と思っている。つまり、実在性が堅固なのは素粒子・原子・分子という物質的微粒子であり、その他のものは実在的と言うにはあまりにふわふわした虚構性につきまとわれている、というわけである。しかし、現実は物質的微粒子だけではとうてい説明できない複雑性をもっている。物理的な事象ないしプロセスですら粒子だけでは理解不能である。そこには種々のエネルギーと場がある。つまり、「もの」だけではなく「こと」によっても構成されているのである。前に言及したように、存在の本質を考える際には、その場的性格を顧慮しなければならない。このことは、物理学者が究極の実在に関する存在論的考察にのめり込むと際立ってくる。有名なのは、アインシュタインが粒子（質点）と場のどちらが究極の物理的実在かと問うたことである。周知のように、彼は「統一場の理論」を構想したが、未完に終わった。

アリストテレスの体系にも表れているように自然の本性への問いと存在の原理への問いは表裏一体の関係にある。つまり、彼において物理学と形而上学は連続性をもっているのである。そして、技術的応用の堅実さのみを求めない、哲学的深みをもつ物理学理論は、いつの時代にも「究極的実在とは何か」という存在論的問いに関心をもっていた。前世紀のアインシュタインとハイゼンベルクはその代表者である。そして、相対性理論と量子力学における存在問題に触発されて事的世界観を構築し存在論を深めようとしたのは、我が国の廣松渉である。彼の言う真実在としての「こと」は、主観—客観対置図式と心身二元論の彼岸に立てられたものである。この思考は必然的に心と物の「間」への問いにつながる。ただし「心でも物でもない中性的要素」への問いを立てたのは彼だけではない。本書の随所で触れたように多くの人がそれに関心をもってきた。その中で注目すべきなのは、中性的要素を「情報」として定式化したチャルマーズである。そして、その姿勢は最近の量子情報科学の関心と合致する。筆者の意図は、この中性的要素としての情報をアリストテレスのエイドスと結びつけることにある。それについては何度も説明したので繰り返さない。ただ、ここでは存在の原理としての「情報」が「時間空間的パターン」と「場」というものに深く関係していることを改めて指摘しておきたい。

情報が、形相的なものとしてパターンと関係し、究極的には「パターンを生み出すパターンの原型」と定式化できることは既に述べた。素粒子や原子は、単なる物質的微粒子（つまり極小の物塊）であるとするなら、それ自体パターンとしての情報は含んでいないことになる。パターンとしての情報は、粒子が置かれた「場（field）」に含まれるものとして、粒子にとっては外在的因子なのである。そして場そのものはエネルギーの凝集体であり、そこには時間的ならびに空間的パターンが成立している。粒子同士の相互作用や結合もこのパターンに強く影響されるのである。もちろん個々の粒子の中にもこうしたパターンに触発され、秩序形成に参入する資質はある。「形相は質料をもった個物に内在する」というアリストテレスのテーゼもこの意味で理解できる。

それは、水素原子と酸素原子が結合して水分子になるような単純な例からベローソフ・ジャボチンスキー反応のようなより複雑な化学反応における自発的秩序形成、さらには生体内の遺伝子発現にまで広く観察されるものである。自然界の巨視的現象としての雲や竜巻や津波といったものは、すべてそれを構成する粒子の本性ではなく、それらが置かれた場とその周囲の場における時間空間的なエネルギーのパターンが、その生成を左右する。つまり、時間的動力学や空間的相互作用が粒子の運動と生成消滅を決定するのである。ここから「場」が「励起媒質」としての存在原理であるという結論が得られる。

「場」は、個物としての粒子の存在、さらには敷衍して存在者一般の存在を可能ならしめる原理として、存在者よりも実在性が深い「存在の原理」と理解できる。つまり、それは存在者を超越しつつ存在者を存在せしめる「根拠」なのである。こうしたものにはかつて「神」という称号が充てられていたが、それはもはや妥当しない。「場」はピュシスの現象として自然主義的に理解されるべきものなのである。

「場」がエネルギーの時間空間的パターンによって構成されているとするなら、それは情報を担っていることになる。ここから「情報場」の概念が得られるのは周知のことであろう。我々の周囲にある空間は空虚なものではなくて、すべて情報を含んだ潜勢的ならびに現勢的な励起媒質なのである。その情報も、誰かが意図的に製作したプログラムという性格ではなく、自発的にパターンを生み出すこと、つまり自己組織性を本性としている。最近の量子情報科学では、何も無いかに見えるそこら辺の空間ですら自律的計算を遂行していると主張されているが、空間中に置かれた個物も存在しているだけで情報を発出しているものとみなされる。なぜならそれらは、世界の有意義性の指示連関に呼応し、関係的世界の情報構造を自己反映しているからである。これはもの的存在論や原子論的唯物論ではとうてい理解できない思想である。常識の立場から見ても愚の骨頂であろう。しかし常識はしょせん常識にすぎない。真実在へと食い入る存在論の眼差しは、散在する個物にではなく、個物と個物を関係づける見えない因子に着目し、それを浮かび上がらせなければならない。関係的世界の中で生かされて生きている個物を超えつつそれを包み込んでいるもの、それが「情報場」という真実在なのである。これは今後検証され、洗練されていくべき存在論的仮説と受け取っていただきたい。

こうした観点（ならびに本書におけるこれまでの考察）から従来の存在の階層説に修正を施して図式化すると次のようになる（**図8―1**）。

このように説明されても物質の基盤に情報を据える存在の階層説はなかなか理解しがたいであろう。それは、もの的存在論に取り憑かれているからである。一般の人は場の中で現出した個物から存在というものを捉える傾向が強いので、「存在」が現出の基盤としての場の情報構造から切り離されて、存在者化されてしまうのである。他方、

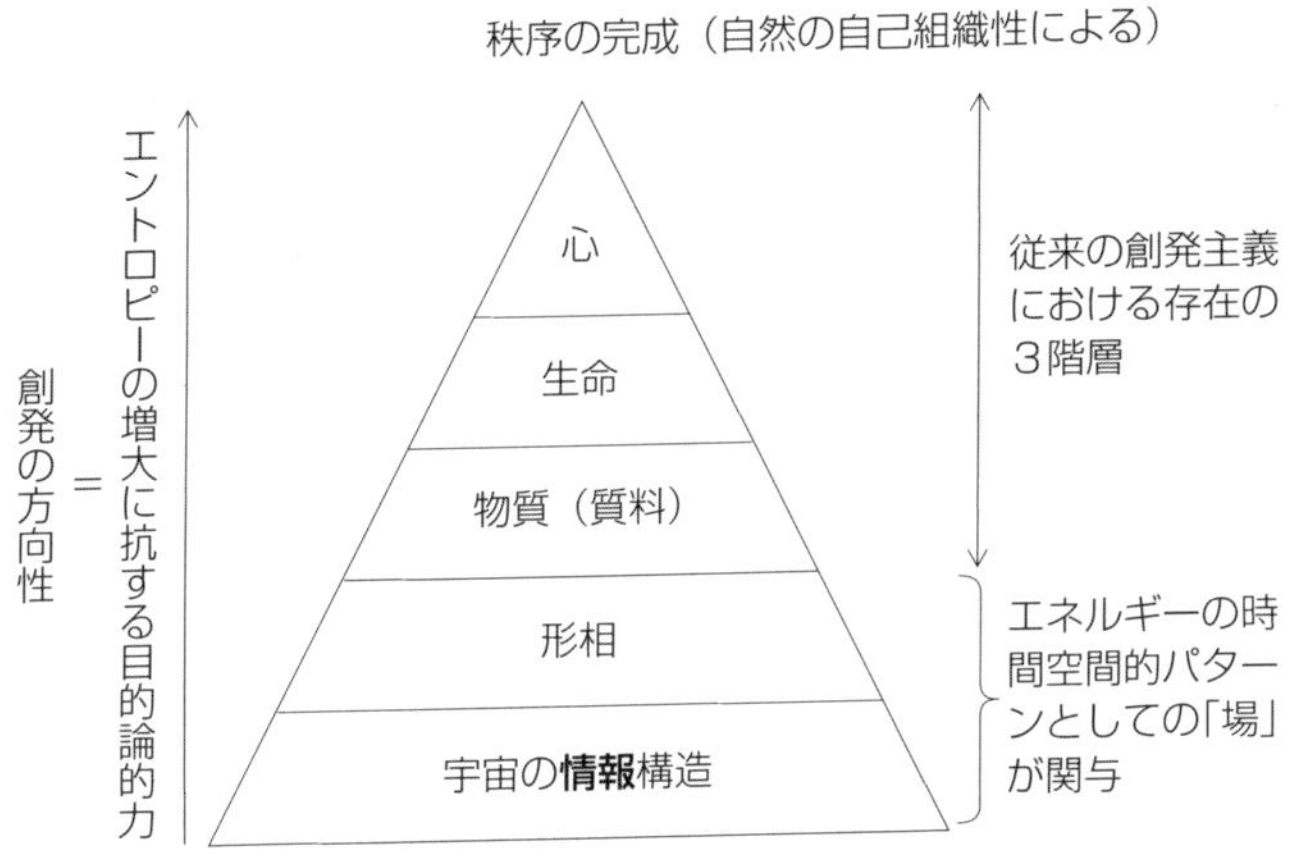

図８-１　情報の形而上学から見た存在の階層

「情報」も通俗的理解では個体から個体へと伝達されるメッセージとして対象化され、「パターンを生み出すパターンの原型」という形相的性質が見逃されてしまう。どちらも人間中心主義の主観主義的対象化から生じる紛い物である。

　従来の階層説のように存在の基盤が物質とされると、エントロピーの増大に逆らう秩序形成の意味が捉えられなくなる。これはそのまま「存在の意味」が問えなくなることを意味する。前章で示したモノーの分子生物学的ニヒリズムは、この苦境から発せられた断末魔の叫びと解釈できる。もともと生物学者の中には唯物論にはまる人が多い。生命体という領域的存在に視野が狭められているからである。特に生命のメカニカルな側面に定位している場合、他の存在領域や宇宙全体の普遍的存在構造への視点が失われやすい。しかし、生物学の創始者アリストテレスは、常に自然全体と普遍的存在の原理を顧慮して生命の本質を理解しようとしていた。それゆえ彼は目的論的生命観と生気論の先駆者とみなされているのである。

生気論はその後変な方向に逸脱してしまったが、目的論的な自然と生命の理解は現代のシステム科学において洗練された形で復興している。その存在論的意味を理解するためには、自然の自己組織性と宇宙の基底的物理要素としての情報の関係を捉えなければならない。そしてその基盤となるのは、一見何も無いように見える空間がエネルギーの時空的パターンによって情報を発出し、存在者の存在の根拠となっている、ということへの眼差しである。かつてプラトンは『ソフィスト』の中で「あらぬものの形相《エイドス》」を論じたが、現代の量子力学では「無のエネルギー」というものが想定され、その結果「無の物理学」が宇宙の根本原因を解き明かすとみなされている。(4) 存在を「無であるかのような〈場〉」とみなす形而上学は、宇宙の情報構造を探究するシステム論的物理学と結託して、万物の根元を情報として明らかにする道を切り開くのである。

4　真実在をめぐる巨人の戦い

真に存在すると言えるものは何か。この問いから哲学は始まる。そしてそれは、自然の質料的原要素の探究から、その背後にある形相的原理への問いかけに転じるとき真骨頂を発揮する。さらに、形相がいかにして物理的世界の運動を可能ならしめるかを問うとき、それは最高潮に達する。この最後の問いかけは「存在を引き起こす〈力〉」を標的としている。

プラトンは『ソフィスト』において「真実在《ウーシア》をめぐる巨人の戦い」について語っている。これは、とりあえず物体論者（質料主義者）と形相論者（イデア主義者）の戦いとして始まるが、その対立は「力（dynamis）」を真実在とする立場によって弁証法的に乗り越えられる。物体論者とは真に「ある」と言えるものは質料をもった物体のみだと考えるのに対して、形相論者は純粋思考によって捉えられる非物体的な形相こそ真に「ある」と言えるものだと反論する。それに対して第三の立場の者は、物体論者の世界を「力の世界」、形相論者の世界を「結合関係する力の世界」と捉え返して、両者の対立を調停しようとするのである[5]。

細川亮一によると、真実在をめぐるプラトンの考察は物理学における存在論議に転換可能である。それはアインシュタインの次の発言[6]を参照すれば一目瞭然であろう。

我々は物体概念だけを基礎にして物理学を建設できない。しかし物質と場への分割は、質量とエネルギーの等価性を認めた後では、不自然で明確に規定されないものである。我々は物質の概念を捨て、純粋な場の物理学を建設できないだろうか。我々の感覚に物質としての印象を与えるものは、実際比較的小さな空間の中へのエネルギーの巨大な集中である。……我々の新しい物理学において、場が唯一の実在だから、場と物質の両者を認める余地はないであろう。……しかし説得力のある首尾一貫した仕方でこのプログラムを遂行することに我々は今までのところ成功していない。……現在において我々はすべての我々の理論構成において、場と物質という二つの実在をなお仮定しなければならない。

つまり、プラトンにおける「物体vs形相」という実在をめぐる戦いはアインシュタインにおいて「物質（粒子）vs場」という実在をめぐる戦いとなっているのである。この対立を乗り越えるのは「informare の働きをもつエネルギー」であると想定すると、しっくりくる。informare とは直訳すれば「形相付与」となるが、その内実は「物理的事象ないしプロセスに秩序を付与しその自己組織化を賦活する」ということである。これは存在を可能ならしめる原理として、「真実在」と呼ばれてしかるべきものである。

プラトンによると、我々が身体感覚によって生成に関係し、魂の思惟によって本当の存在に関係する場合、その

「関係」とは「相互に遭遇し合うものから出てくる一種の力」に基づくのである。(7) この「関係を引き起こす力」は筆者が直前に述べた「informare の働きをもつエネルギー」とほぼ同じことを意味している。それはまた自然の自己組織化の原理、つまり本書で何度も触れてきた「宇宙の情報構造」に深く関係している。

しかし、アインシュタインが言っているように我々は物質という概念を捨てることはできない。とすれば、やはり推奨されるのは形相を質料（個物）に内在せしめるアリストテレスの思考原理ということになる。そもそも、プラトンは鋭いが行きすぎなのである。「情報」や「場」というものを実在の根底に据える際にも、日常感覚によって捉えられている「物質」というものも十分顧慮し、それを存在論に生かしていかなければならない。そうしてこそ単なる物体論者と単なる形相論者の間の不毛な論争に終止符が打たれ、「場のエネルギーのもつ情報構造」を真実在とする奥深い存在論的見地が熟成しうるのである。

5　情報の形而上学

我々は多くの場合、意識を通して外界を知る。すなわち意識を介して外界から情報（知識）を得るのである。それゆえ「情報」は一般に意識化された知覚内容と思い込まれている。しかもここで意味という契機がつけ加わる。そこで情報は「意味を看取されたメッセージ」と定義されることになる。これが常識的な情報の概念である。

しかし我々の営む経験は意識のみから成り立っているのではない。それは無意識的認知過程も含んだ広範な現象である。そして、それは意識的経験の広大な背景となっている。つまり意識的反省が始まる以前の身体的認知活動が我々の経験の基盤をなし、その上に意識化された知覚内容が乗っかっているだけなのである。

このことは比較的理解しやすいであろう。しかし、情報を意識から切り離すことには多く人が抵抗を感じる。知識や意識的知覚から切り離された情報といったものが存在するのだろうか、そういった概念に意味はあるのだろうか、というわけである。この問いかけは一見もっともらしいが、実は日本語の「情報」の字面に翻弄された軽薄な疑念にすぎない。率直に言うと、こうした疑念は、言葉に囚われた思考から生じるものであり、事象そのものを見つめて発せられたものではないのである。我々は、物事の本質を知ろうと思うなら、ぜひ言葉を超えそれを包み込んでいる形相を凝視しなければならない。これは存在の本質は「個物がある」ということにではなく、それを包み込みつつ形相を付与している「場」の方から看取されるべきであることと関係している。

意識を世界把握の基発点にもってくると、情報というものが内面化され、それが本来もっているパターン発出と秩序形成の外在性が見失われる。誰もいない山奥の森で巨木が倒れるとき音はするのだろうか、という問いは意識中心主義によると無意味なものとして却下される。しかし、巨木は倒れる際たしかに周囲の空気の振動（圧縮空気の分子パターン）を引き起こすのである。「空気の振動」と「音」は果たして全くの別物であろうか。もちろん、後者を意識的知覚者に依存する感覚情報として前者から区別することはできる。これは単純な主観―客観対置図式に則れば疑問の余地の無い見方である。ただし、この見方には重大な欠陥がある。情報概念自体は熟慮されないまま独断的に主観的ないし心的領域に括り込まれている、というのがそれである。

情報の形相的性質を知るためには、この独断的態度を乗り越えなければならない、ということは本書で何度も論じてきた。そして、この乗り越えを可能ならしめるのは、主観―客観対置図式のぬるま湯にどっぷりと浸かった意識中心主義を、経験の自然的豊饒性に向けて克服することである。ジェームズやホワイトヘッドが指摘したように「経験」は心と物、主観と客観を極として包摂するものであり、これに立脚するなら情報は心的と物的双方、主観的と客観的双方の相を帯びるものとして理解可能となる。ホワイトヘッドの抱握理論に従うならば、誰もいない山奥で倒れる巨木はたしかに音を発するのである。なぜなら、物は非意識的ないし非知覚的理解作用によって我々を把握しているからである。ここで言う「物のもつ把握作用」とは、それが周りの物や物理的環境、そして我々人間に対して関係性を告知している、ということである。ハイデガーの用語に置き換えると、物が世界の有意義性の指示連関を我々に対して告知している、ということになる。

こうした考え方を擬人化というのはあまりに軽率である。そもそも我々のもつ言葉や概念のほとんどは、外界の物理的ならびに生態的（ないし社会的）環境のもつ関係秩序が内面化されて出来上がったものである。また、内面の形成にも脳の神経回路網の組成が深く関与している。また遺伝子の先天的生命情報も無視できない。とすれば、内面といえども物理的自然界の関係秩序とは無縁ではないのである。純粋主観の非物質性にあくまでこだわるのは無益である。ただし心的事実を事実として受け容れることはやはり重要である。なぜなら、それは階層的に上位にある創発特性として下位の要素たる物質や物理的プロセスには還元できないからである。しかしこれを認めても、やはり主観的情報概念にこだわるのは不毛であると断言できる。なぜなら、創発の概念は階層間を断絶するためにあるのではなく、階層を超えた根本要因を示唆するためにあるからである。その根本要因とはエントロピーの増大に抗する秩序形成能力のことであり、階層で言うと根底にある「宇宙の情報構造」となる（**図8―1**を見よ）。

チャルマーズは、この宇宙の根本存在要素を情報と捉え、それが物理的相と現象的相の二側面をもつと主張した。つまり、我々に物質とか物理的プロセスとして映るのは情報の外的側面であり、意識的経験の主観的相として感じられるのは情報の内的側面だ、というわけである。彼は、この二重側面理論を「情報の形而上学」の基幹をなすものとみなしている。

筆者は彼の着想から多大な影響を受けた。それは本書のタイトルにも表れている。しかし、本書を読んでもらえば分かるように、筆者の方向性は彼とだいぶ違っている。筆者と彼の違いは「創発」を重視するか否かにある。また生命現象を顧慮するか否かにもある。さらに社会的次元への関心が筆者にはつけ加わる。

チャルマーズは、情報の二重側面理論を提唱しつつも従来の二元論的思考法に呪縛されたままとなっており、心と物、意識と物理的世界を橋渡しする原理に十分目を開いていない。彼は、「物理的システムが十分複雑になれば心的特性を創発せしめる」という創発主義のテーゼを嫌っている。なぜなら、そこには物質と意識を必然的に結びつける因果論的説明原理が欠如しているからである、と彼は言う。つまり、「十分複雑になりさえすれば創発する」などと言うのは、根拠づけからの逃避だと考えるのである。(8) これは一理ある考え方であるが、創発主義の奥深さからするとまだ浅いとしか言いようがない。

創発の概念は生物学経由のものなので、生命現象に深く関与している。また、生物学における創発主義を洗練化した現代のシステム論における自己組織性の思想は、創発と生命の関係への関心に根差しており、その関係の理解を深化させたものとみなせる。システム論的な自己組織性の理論によると、心と生命と社会は自己組織化するシステムという点で差異がなく、機能的な共通性をもっているとみなされる。この把握は自然や物理的事象にも適用され、その結果心と物質の間に断絶など存在しないものとみなされる。ただ性質の創発の位相が異なるだけなのである。

我々は、この観点を基盤として物心未分の情報の概念を得、それを万物の根元に据える形而上学（meta-physics：続・物理学）を構築しなければならない。その際、貴重な手引きとなるのがアリストテレスのエイドスの概念なのである。またプラトンのイデアの概念も重要である。古代ギリシアの哲学者である二人の思考は、主観―客観対置図式に汚される以前のものなので、二人が提唱した情報概念の原型としてのイデアとエイドスは、現代の主観的情報概念を乗り越える際の踏み台として機能する。また、情報の存在論的次元を捉えるためにも二人の概念は非常に有益である。

現代哲学において情報について議論しているのは、主に英米の心の哲学者たちである。彼らの議論の関心は心身問題と心脳問題に集中しているので、情報もその観点から取り上げられる。しかし、そこで議論の矮小化かが起こってくるのである。なぜなら心脳問題は領域的存在論に属し、自然や宇宙全体の存在、ないし存在そのものを問題とする普遍的存在論にはとどかないので、情報もその存在論的核心が捉えられないままとなってしまうのである。つまり、情報理解が知識論的―認識論的領域にとどまって「存在の原理」の領域に踏み込めないのである。チャルマーズの情報理解は、領域的存在論と普遍的存在論のはざまに位置し、後者を目指しつつも前者の思考枠組みにとどまっているというのが実情である。しかし、彼に影響を与えた物理学者ホイーラーの「すべては情報から（It from Bit）」というテーゼ、ならびにそれを継承した量子情報科学の人たちの思想は、物理的位相での情報の存在論的意味を説くものとして、普遍的存在論に親近的だとは言える。ただし彼らにはやはり生命や心や社会という位相も包摂するシステム論的観点が欠けている。情報の普遍的な存在論的意味を探るためには、ぜひともシステム論的観点が要求されるのである。

超自然的世界に対する空虚な思弁を弄する悪しき傾向から形而上学を守るのは、それを諸科学の基礎づけ役として機能させる途である。こうした役割をもつ形而上学は「帰納的形而上学」と呼ばれる。つまりそれは、諸科学の成果を集約・統合しつつ普遍的存在論を構築しようとする基礎的学問なのである。それは統一科学とも呼ばれ、あくまで自然主義的観点に根差すことをモットーとしている。

帰納的形而上学はまたハイデガーが提唱した「基礎的存在論」とも共通性をもっている。ハイデガー哲学は基本的に思弁的だが、ときおり科学基礎論的相貌を示す。基礎的存在論とは、存在の第一原理を問う普遍的存在論の基礎をなすものだが、同時に個別科学の基礎的諸概念を学問論的―存在論的に吟味する「先導的論理学」という性格ももっている。(9) 我が国における情報学の第一人者・西垣通は「基礎情報学」というものを提唱しているが、これは情報学の分野における基礎的存在論の試みと解釈できる。彼の基礎情報学の構想には生命と社会という存在次元が重要な契機として参入している。[10] ただし彼は、情報がそれを解釈する生命体の存在に依存するものとみなす点において存在論的に不十分である。つまり、生命体以前の情報、生物進化における脳誕生以前の情報という観点[11]が欠如し、情報の物理的基礎次元へと踏み込めないままとなっているのである。

本書で何度も指摘したように、情報は物質とエネルギーと並ぶ物理的自然界の構成要素とみなされてきている。この観点は情報をその解釈者の存在から独立させるものであり、その意味で情報の物理的実在性ないし客観的実在性を主張するものである。我々は情報の形而上学の構築において、生命や社会的次元を顧慮するとともに、こうした観点もぜひ取り入れなければならない。

民衆は無学な者からインテリ層に及ぶまで基本的に情報を言語や知識から切り離す思考法になじんでおらず、彼らに情報の存在論的次元を説明するのは本当に骨が折れる。そのために本書では information と英語の原語のままで表記することがたびたびあった。初心者はまず、この information という語に含まれる form（形相）という部分を頭に叩き込み、「情報」という言葉に直面したら、必ず form（形相）という意味合いを想起する習慣を身につけてほしい。

とにかく、我々が意識を働かせて物事を解釈する以前に情報は構造として自然界に備わっているのである。その情報構造の恩恵の下に社会の秩序が形成され、我々の自己意識が生育し、言語や文化が構築されるのである。情報をもっぱら知識や言語に結びつけて考える姿勢は、この創発過程が理解できていないものとみなされる。とすれば、我々は洞窟の壁に映った情報の影を実在と誤認していることになる。それゆえ我々は、プラトンやアリストテレスの貴重な遺産を現代のニーズに合わせて洗練・応用しつつ、情報の形而上学を構築していかなければならないのである。

注

（1）T・ストウニア『情報物理学の探求』立木教夫訳、シュプリンガー・フェアラーク東京、一九九二年、七ページ

（2）Cf. K. R. Popper/J. C. Eccles, *The Self and Its Brain*, Routledge & Kegan Paul, London, 2003（沢田充茂他訳『自我と脳』（上・下）思索社、一九八六年）

（3）T・ストウニア、前掲書、一三ページ

（4）L・M・クラウス／M・S・ターナー「残された謎――宇宙定数の正体を追え――」（佐藤勝彦編『時空の起源に迫る宇宙論』（別冊 日経サイエンス一四九）日経サイエンス社、二〇〇五年）を参照。

（5）プラトン『ソフィスト』新海邦治訳（山本光雄編集『プラトン全集』2、角川書店、一九七四年）

（6）細川亮一『アインシュタイン――物理学と形而上学――』創文社、二〇〇四年、一七四ページ

（7）プラトン『ソフィスト』（山本編集、前掲書、二六〇ページ）

（8）Cf. D. J. Chalmers, *The Conscious Mind: In Search of a Fundamental Theory*, Oxford University Press, 1996（林一訳『意識する心』白揚社、二〇〇一年）

（9）Vgl. M. Heidegger, *Sein und Zeit*, M.Niemeyer, Tübingen, 1979

（10）西垣通『基礎情報学――生命から社会へ――』ＮＴＴ出版、二〇〇四年を参照。

（11）これについては、Cf. T. Stonier, *Information and Meaning: An Evolutionary Perspective*, Springer, New York, 1997

あとがき

情報の本質への存在論的旅はこれで一旦終わりにする。論じ尽くせなかったことは多々あるし、論証上の不備もいくつかある。しかし、今は一仕事終わったという満足感に浸っている。

この本の着想を得たのは今から七年前に『脳と精神の哲学』という本の原稿を書いていたときである。その本では既に「情報」というものが人間の意識と世界（宇宙）の本質に深く関わるものとして描き出されている。しかし、その本の主題は心身問題であり、「情報」はその一契機として取り扱われていたにすぎない。

その後、心身問題を意識の神経哲学として深化させ、さらに身体全体性と生命の次元を顧慮して心の哲学を自我の問題に収斂させた。神経哲学的考察において「情報」はまだ重要な契機をなしていたが、自我の生命哲学的考察では背後に退いた。しかし、心の哲学に関する思索が一段落すると、情報の本質への関心がまた湧き立ってきた。しかも、今度は領域存在論的な関心ではなくて、万物の根元へと遡及しようとする普遍的存在論のそれであった。

本書で何度も触れたように、古代ギリシアにおいて哲学は自然の秩序に触発された「万物の根元への問い」として始まった。ちなみに、筆者が最初にこのことを知ったのは小学校四年生のときである。たしか国語の読書の時間に図書館で手に取った本に古代ギリシアにおける「万物の根元への問い」が記載されていた。普通の少年だったらそれに関心をもって深く考えることなどないであろうが、筆者は違った。「自然は、宇宙は、根本的に何でできているんだろうか」「なぜそもそも世界は存在しているんだろうか」という問いの原型がそのとき筆者の心に授けられた。また、それと前後して「自分たちはこのようにして生きているけど、これがこのまま続いていくことの意味は不明であり、なぜこうなのかに答えるのは容易ではない」という感慨が少年だった筆者の意識を襲った。この感慨を級友に話したら「そんな難しいこと考えられないよー」と一蹴された。

筆者は大学に入って哲学を勉強・研究しはじめてから今年で二八年になる。最初の論文を発表したのが今から二〇年前、最初の著書を刊行したのが九年前である。しかし、思い返してみると、少年の頃筆者の意識を魅了し哲学的ないし存在論的原体験を形成した、あの「万物の根元への問い」は意外に忘れ去られており、それに真っ向から取り組むことなどなかったことが判然となる。これには日本における哲学教育と研究指導の在り方、ならびに一般に流布した和魂洋才の翻訳文化的哲学観が影響していたと思う。筆者は、この傾向・趨勢に圧されて自分本来、ひいては哲学本来の問いに真っ向から立ち向かえずにいたのである。

日本における哲学研究は、基本的に西洋の過去の偉大な哲学者の文献を精読し、彼らの思想を寸分たがわず精確に理解することを、明治期以来ひたすら尊重してきた。つまり、日本では哲学的思索そのものや問題そのもの、事象そのものとの格闘よりも文献解読に基づいた思想の客観主義的理解を重視してきたのである。はっきり言って、これでは「日本に哲学なし」「日本の哲学は哲学学ないし哲学文献学にすぎない」と揶揄されて当然であり、これに返す言葉もないであろう。

もちろん日本にも独創的と言われうる哲学者は何人かいた。代表的なのは西田幾多郎と廣松渉である。明治の初期に西洋から哲学が輸入されてから百数十年たっているのだから、もう問題そのもの、事象そのものに取り組む哲学が主流をなしていてよさそうなものなのに、いっこうにその気配は見えない。それに対して「西田哲学研究」なるものが興隆し始めている。やることがなくて、ついに自分の国の哲学文献を客観主義的に研究し始めたのである。なぜ自分の足で立とうとしないのか。

筆者は西田よりもはるかに廣松を好むが、この本には「場」という西田的思想契機も介入している。しかし、それは西田の概念規定とは何の関係もない。思索を深めているうち偶然それに行き着いただけである。廣松からはこと的存在論という点で強く触発された。また彼の科学哲学的存在論というスタイルは非常に好感がもてる。身体性の理解も共感するところが多い。そして何よりも従来の二元論的な主観―客観対置図式を破壊するその手際には驚嘆させられた。それに対して西田は、主客未分の純粋経験とか言っても、主観的観念論の色彩が強くて、結局は自分の意識にすべてを還元してしまっているように思わる。「最初に意識ありき」という主観的構成主義は多く人がはまってしまう思考の罠であるが、西田哲学もその臭いがぷんぷんするのである。これはジェームズの純粋経験の哲学と比べると一目瞭然である。ジェームズは西田と違って自然的実在論に基礎を置き、主観的意識よりも自然的経験そのものの流れを重視するのである。

本書ではジェームズやホワイトヘッドの「経験」概念を情報の存在論的考察に大いに役立てた。二人の主張する経験の根源性は、主観的構成主義の対極にあるものなので、情報の自然的実在性の理解に大変役立った。経験と情報の関係に関しては十分論じ切れなかったうらみはあるが、この関係に興味をもちいくばくかの考察を企てたことは、今後の思索・研究の貴重な足場の獲得につながったと思う。

最終章の末尾近くでも触れたように、本書のタイトル「情報の形而上学」はチャルマーズから借りてきたものである。彼からは心身問題着手以来大いに啓発され続けた。ここに改めて謝辞を申し上げておきたい。なお筆者の関心が彼と別れる点は、本書の副題「新たな存在の階層の発見」に表れている。この副題をつけるべきかどうかは最後まで迷ったが、やはりつける方を選んだ。存在の階層に関しては十分論じられなかったが、新たな視点はたしかに得られたと自得している。そのことに注意を促すという点でも、この副題の選択は適切だったと思う。

チャルマーズに触発されて、今年の一月からこの本の原稿を書き始めたが、初めは「いったいまともな論述になるんだろうか」という懸念が強かった。しかし、書き進めていくにつれ面白くなってきて、「もう完成度とか洗練さはどうでもいい。とにかく書き進めよう」という気持ちが強くなり、同時に視野が開け、知見が増してきた。こうして出来上がったのが本書というわけだが、出版社に送る前に原稿を一通り読み直してみたら、ことのほかよくできているように感じた。単なる自己満足でないことを祈るのみだが。

周知のようにネーゲルは「コウモリであるとはどのようなことか（What is it like to be a bat?）」という問いを立てたが、この問いを古代ギリシアの自然哲学者たちに適用してみたらどうなるであろうか。つまり、彼らの観点に立って自然や生命や物質の本性を問い求めたらどういう感じなのだろうか、と推察してみるのである。これによってフィロソフェインすることの原初的感覚が再現されるであろう。

タレスやヘラクレイトスが自然の根源、万物の根元を問い始めたときの原初的感覚（これは「最初に意識ありき」という意味での主観性とは何の関係もない）はどのようなものだったのであろうか。それに対してパルメニデスやピタゴラスのような哲学者の意識はどう違っていたのだろうか。そして一番興味深いのは「デモクリトスであるとはどのようなことか」という問いと「プラトンないしアリストテレスであるとはどのようなことか」という問いの対置である。筆者は圧倒的にプラトンとアリストテレスに共感する。それは本書を読んでもらえば分かると思う。

「万物の根元」へと遡及を駆り立てるのは、一種の原初的感覚、宇宙意識である。少年の頃に筆者の脳裏を掠めたのもそれだったのであろう。日本の西洋哲学の研究者たちは、この原初的感覚を先哲と共有しつつ自らの足で立つという姿勢を忘れ、ソフィスティケイトされた文献学的客観主義に身をやつしている。それに対して、真の哲学的営みとは、自然を見つめ科学と対話し社会的時事問題にも配慮した「哲学的問題・事象そのものとの格闘」である。その偉大すぎる手本がアリストテレスであることは言を俟たない。彼が万物の根元と見立てた純粋形相、ならびにそれに至る存在論的考察は、目的論的な自然観と生命観、創発主義的宇宙進化論、システム論における自己組織性理論、量子情報科学などとの対話を経て、情報こそ万物の根元であるという存在論的見地を熟成させてゆくための道標となるであろう。本書はその熟成に寄与する一つのささやかな試論にすぎない。

二〇〇八年一二月六日午前一一時一四分　初冬の陽光降り注ぐ書斎にて

河村次郎

■著者略歴

河村次郎（かわむら　じろう）

1958年　青森県むつ市に生まれる
1984年　東洋大学文学部哲学科卒業
1991年　東洋大学大学院文学研究科博士課程単位取得退学
現　在　東洋大学非常勤講師

著　書

『時間・空間・身体――ハイデガーから現存在分析へ――』（醍醐書房，1999年）
『脳と精神の哲学――心身問題のアクチュアリティー――』（萌書房，2001年）
『意識の神経哲学』（萌書房，2004年）
『自我と生命――創発する意識の自然学への道――』（萌書房，2007年）
『心の哲学へ誘い』（萌書房，2007年）他。

訳　書

メダルト・ボス『不安の精神療法』（解説つき：醍醐書房，2000年）

情報の形而上学――新たな存在の階層の発見――

2009年4月30日　初版第1刷発行

著　者　河 村 次 郎
発行者　白 石 徳 浩
発行所　有限会社 萌《きざす》 書 房
〒630-1242　奈良市大柳生町3619-1
TEL（0742）93-2234 / FAX 93-2235
［URL］http://www3.kcn.ne.jp/~kizasu-s
振替　00940-7-53629

印刷·製本　共同印刷工業・藤沢製本

ISBN 978-4-86065-046-9

河村 次郎著

心の哲学への誘い

四六判・上製・カバー装・184ページ・定価：本体1900円＋税

■旧来のモノ対ココロという二元論的志向ではなく，モノと「コト」の関係を基点に据えつつ，心の座を脳に限定せず，その外延を身体や環境にまで拡大してシステム論的に捉える。

ISBN 978-4-86065-030-8　2007年10月刊

河村 次郎著

自我と生命 ―― 創発する意識の自然学への道 ――

A5判・上製・カバー装・238ページ・定価：本体2600円＋税

■自我を意識する生命とは何か？　W.ジェームズやホワイトヘッドらに倣って経験を自然に根づかせ，自我の本性を生命論的に解明した渾身の試み。

ISBN 978-4-86065-027-8　2007年4月刊

河村 次郎著

意識の神経哲学

A5判・上製・カバー装・284ページ・定価：本体2800円＋税

■還元主義／機能主義／現象論／ミステリアニズム，現代の意識哲学の四潮流について詳細に論究しつつそれらを統合し心脳問題の最終的解決を目指す〈創発する意識の自然学〉を提起。自我と脳の深淵への刺激に富む哲学的旅。

ISBN 978-4-86065-011-7　2004年 7 月刊

河村 次郎著

脳と精神の哲学 ―― 心身問題のアクチュアリティー ――

A5判・上製・カバー装・206ページ・定価：本体2400円＋税

■唯脳論を根底から覆す21世紀の〈臨床神経哲学〉への格好の研究入門。マリオ・ブンゲの創発主義的精神生物学に基づき，脳と心のミステリアスな関係を解明した若き哲学者の意欲作。

ISBN 978-4-9900708-7-8　2001年10月刊